LE LIVRE D'OR DU FOOTBALL

1990

DOMINIQUE MIGNON
GERARD EJNES

LE LIVRE D'OR DU FOOTBALL

1990

Préface de
CHARLES BIETRY

SOLAR

ISBN 2-263-01628-7
N° d'édition : 1751

SOMMAIRE

PRÉFACE : UN CŒUR GROS COMME ÇA 7

LES ÉCLAIRS DE MALMÖ 8

OURAGAN SUR LA CANEBIÈRE 14

ITALIE, TOUT LE MONDE DESCEND 21

UNE CUVÉE QUI A DU CORPS 26

ON NE MEURT QUE DEUX FOIS 30

3615 LE PIED 35

DU MISTRAL DANS LE YAOURT 40

LES PRINCES AUX PETITS PIEDS 44

JEUX DE MAINS 50

LA CAMÉRA INVISIBLE 57

LE DERNIER VOL DE L'AIGLE NOIR 60

AU CŒUR DE GILI 64

PAPIN JEUNE TRENTENAIRE 71

ENDOUME, LA FACE CACHÉE DE MARSEILLE 76

LE GRAND CHELEM ITALIEN 80

LA COUPE A LA POUBELLE 84

LES CHEMINS DE TRAVERSE 92

LA DISTRIBUTION DES PRIX 97

L'APPEL DU 18 JUIN 102

TOUT CE QUE VOUS AVEZ VOULU SAVOIR
SUR LE MONDIALE SANS OSER LE DEMANDER 106

LA SAGA DES « LIONS INDOMPTABLES » 140

LES RÉSULTATS 148

Un cœur gros comme ça...

par Charles Biétry

Dieu sait si nous l'aimons, notre football. Mais, quelquefois, il faut avoir un cœur gros comme ça pour ne pas pleurer de rage, de tristesse ou d'ennui.

La Coupe du Monde, par exemple.

On a beau la prendre par tous les bouts, c'est la plus mauvaise de l'histoire, à l'image d'une mauvaise finale qu'un mauvais arbitre a sauvée d'une mauvaise série de tirs au but qui aurait peut-être couronné un mauvais champion. Et le fait qu'on ait surtout applaudi le Cameroun, dont la force essentielle était la fraîcheur, mentale et physique, n'est pas forcément rassurant pour l'avenir.

Et la Coupe de France ?

Dans six mois, personne ne se souviendra même de qui a joué la finale, et seuls resteront dans les mémoires les exploits d'Olmeta contre Bordeaux et Marseille, un Olmeta qu'on n'aura même pas laissé entrer à cheval au Parc des Princes.

Le championnat ?

C'était déjà mieux. La grande cavalerie marseillaise face à l'armée de vieux briscards bordelais, le duel a longtemps tenu ses promesses. Avec les formidables coups d'éclat d'un OM où se mêlent folie et sagesse, audace et rigueur, où se côtoient aussi bien l'artisanat de Tigana et l'orfèvrerie de Waddle, le tout sur fond d'efficacité signé Papin ou Mozer. L'OM champion, c'était justice, mais des Bordeaux, Monaco ou PSG (avec Henri Michel) qui lui disputent la palme, c'est indispensable à notre plaisir.

La Coupe d'Europe ?

Auxerre nous a fait chavirer de plaisir à Zagreb, un Monaco timide nous y a fait croire jusqu'aux demi-finales, et Marseille, encore Marseille, a failli nous emmener jusqu'au ciel. Les Grecs, les Danois, les Bulgares se sont affaissés face à notre géant, et Benfica allait faire de même quand la main de Vata...

Au moins, il y a des anecdotes à raconter, des secrets à dévoiler, de petites histoires à sortir de la grande, bref, il y a du bon boulot pour Mignon et Ejnès. Dominique est déjà un ancien du *Livre d'Or*, qui souffle aujourd'hui ses seize bougies, et Gérard l'a rejoint cette année. Vous ne trouverez pas de meilleurs guides pour vous faire frissonner au travers de cette dernière saison. Leur enthousiasme et leur joie de voir jouer vous transporteront au fil des pages.

Et, bien sûr, Dominique n'oubliera pas de parler avec vous de l'équipe de France. Car, comme l'aurait dit Olmeta : « Qui c'est qui les a battus, les champions du monde, cette année ? »

Les éclairs de Malmö

Pendant dix ans, l'équipe de France avait été une vitrine. On venait la regarder, les yeux grands ouverts, chargés d'envie. La balle avait ses maîtres, le Parc avait ses princes. Chaque *Marseillaise* lançait un nouvel hymne. A la joie.
Depuis le dernier récital mexicain, pourtant, la vitrine était vide. Vide de jeu, vide de sens. La défaite avait chassé la fête. Trois ans d'atermoiements, de fausse route et de vrais retraits, trois ans de coup par coup et d'accrochages aux branches avaient tué le rêve. Le coq, déplumé et aphone, ne lançait qu'un chant à peine audible, dans le mince rai d'un horizon même plus bleu.
Cet été-là, Platini avait alors dit stop. Halte au gâchis. Place au jeu. Le dernier France-Yougoslavie (0-0) avait achevé de le convaincre. « Là, j'avais compris qu'on faisait fausse route. On ne s'était pas créé une seule occasion, au Parc. C'était consternant... »
Frustré par le jeu, l'ancien joyau de la vitrine du dessus l'était aussi par les résultats. En cinq matches à la tête des Bleus, il n'avait pas enlevé une seule victoire. Ni à Belgrade, ni à Dublin, ni à Highbury, ni à Glasgow, ni à Paris.
Il fallait tout revoir. Créer un style , une équipe. Tracer une ligne de conduite, et s'y tenir. Depuis le triste match contre la Yougoslavie, Platini avait eu quatre mois pour ça. Quatre mois pour cogiter, refaire l'inventaire et jeter les bases d'un nouveau onze.
Il décidait d'abord d'instaurer une couverture mutuelle en défense, et choisissait d'y placer Franck Sauzée. « Avec deux stoppeurs, on subit trop. C'est digne d'une équipe faible, et non de la formation conquérante qu'on doit redevenir », expliquait-il.
Faute de grand numéro 10 (suivez son regard), Platini mettait aussi en place une nouvelle organisation offensive, avec deux joueurs tout en technique et en vivacité, Ferreri à droite et Perez à

CANTONA (CI-DESSUS) ET PAPIN INTERNATIONAUX
Deux buts chacun

gauche, plus un nouveau tandem d'attaque, formé de Papin et de Cantona. « Individuellement, ce ne sont peut-être pas les meilleurs du monde, mais à eux quatre, ils vont faire mal », annonçait-il.
Canto venait juste d'en finir avec sa suspension. Un an s'était écoulé, depuis qu'il avait ouvert un sac malodorant, déballé par Mickey Rourke, sous le nez d'Henri Michel. Un Henri Michel qui, d'ailleurs, ne s'offusquait pas du retour de l'enfant terrible. « Si c'est pour le bien de l'équipe de France, tant mieux ! » commentait celui qui était encore DTN.
Éric était de toute façon sur la bonne voie. Quatre jours avant l'annonce de la sélection pour Malmö, il avait d'ailleurs empêché Louis Nicollin d'agresser un arbitre, sur la pelouse du Parc, après que deux cartons rouges eurent volé (Nono, Vujovic) et quelques plombs sauté.
Platini faisait ainsi confiance à Canto, d'emblée. Même si, au fond, il n'en savait pas grand-chose. « C'est celui que je connais le moins, avouait-il. Je l'ai surtout vu à la télé... »
Dans son état des lieux, le sélectionneur avait aussi trouvé l'une des failles de la maison France. Il manquait un demi, patron. Un joueur qui court, récupère, gesticule et hurle. Un ancien qui parle, stimule.
Il en existait un, fraîchement transféré à Bordeaux.

Un international sans passé mais un joueur très présent, avec douze ans de championnat derrière lui, et le profil idéal du baroudeur : Bernard Pardo. Ce gars-là avait du chien. Platini en faisait son aboyeur. « Il sera précieux dans la récupération, et aidera les jeunes à s'exprimer. Ce sera mon Tigana blanc », lançait le sélectionneur.
Message reçu, cinq sur cinq. « Je suis prêt. Cela ne me fait pas peur. Le stress, connais pas. Après douze ans de carrière, ce serait grave », soulignait Pardo, associé à Didier Deschamps au sein d'un milieu new-look.
La *Caravelle* bleue des Bleus, frappée du sigle Aérofrance, comptait donc nombre de joueurs neufs et résolus, quand elle toucha la terre suédoise, par l'une de ces lumineuses journées dont l'été scandinave a le secret.
Signe prémonitoire ? Malmö était déjà en fête. L'ambiance y était joyeuse, bon enfant. On y célébrait l'écrevisse, que les Suédois dégustent une fois l'an, mais aussi la musique, qui résonnait, partout, de la place Stortorget à la rue piétonne de Sodergatan.
L'été suédois jetait ses derniers feux. L'équipe de France allait tenter d'y retrouver sa flamme.
Après cinq minutes de jeu, c'était toutefois mal parti. Le Roux commettait une faute sur Ströemberg, Joakim Nilsson tirait le coup franc, côté gauche, et Thern expédiait un bolide dans la lucarne. But.
Platini n'en revenait pas. Thern ne reviendrait plus. Dès le lendemain, il quittait Malmö FF pour Benfica, avec un juteux contrat à la clé. « C'est reparti. La poisse continue », maugréait alors le grand chef bleu.
Mais l'équipe de France démontrait très vite que quelque chose avait changé. Elle revenait dans le match, avec cran et souvent avec talent, alors que le tonnerre commençait à gronder. Et puis, il y avait « Pepe ». Alias Christian Perez, plus petit acteur et plus grand joueur de la rencontre.
La France était dans l'ombre, son lutin faisait jaillir la lumière. Les éclairs déchiraient la nuit suédoise, un feu follet surgissait aux quatre coins du terrain. Dix fois, Pepe relançait la machine, dans les éléments déchaînés.
A la 53ᵉ minute, il sauvait même sur la ligne une balle de 2-0 pour la Suède. De la tête. Du haut de ses 165 centimètres tout mouillés par l'orage.
« Avec moi, Jo (Bats) sait qu'il peut avoir confiance. Je lui en avais sorti deux comme ça, à Montpellier... »
A la 57ᵉ minute, c'est encore lui qui amenait l'égalisation, sur un coup de reins et un tir croisé que le gardien Ravelli détournait dans les pieds de Cantona. A la 63ᵉ, c'est toujours lui qui centrait sur le but de Papin. Un vrai caviar, en pleine fête de l'écrevisse. Ça faisait 2-1. C'était Pepe superstar. Plus rien ne pouvait stopper l'élan des Bleus.

CHRISTIAN PEREZ, NOUVELLE DIMENSION
Little Big Man

Ni une interruption de neuf minutes, décidée par l'arbitre au plus fort de l'orage, ni l'égalisation de Lindqvist, dans la dernière demi-heure.
En fin de match, Papin et Cantona marquaient encore, coup sur coup, offrant ainsi un premier succès au coach Platini, et la première levée d'une ère nouvelle.
Dans l'orage, cette équipe inédite avait bel et bien réussi une perf du tonnerre. Voilà cinq ans que la France n'avait plus gagné à l'extérieur, et trois qu'elle n'avait plus marqué autant de buts...
« Cette équipe de France m'a surpris et séduit. Elle m'a donné une excellente impression. La patte de Platini commence à se faire sentir », confiait un certain Bobby Robson, passager de la pluie suédoise.
Cette fois, c'était vrai. Les Bleus sortaient enfin d'une très longue zone de turbulences. Même si un dernier orage les attendait, là-haut, au-dessus de la Baltique.

*
* *

Michel Platini en était plus convaincu que jamais : « Le football français n'est pas aussi tarte qu'on le dit. On n'a peut-être pas un Gullit, un Maradona, un Van Basten, mais les quatre de devant figurent parmi les meilleurs d'Europe, au combiné... »
Restait à confirmer, trois semaines plus tard et un coup d'aile plus loin, dans la toute proche Norvège.
A Malmö, l'équipe de France avait pris de la hauteur. Platini lui renouvelait donc sa confiance, à 9 900 mètres d'altitude. Pour la première fois, il annonçait la composition en vol, dans le Bœing 737 aux armes de la Lorraine qui conduisait la délégation à Oslo. Les deux agences, l'AFP et l'ACP, la communiquaient à Paris par le biais de la cabine de pilotage. Comme prévu, elle ne changeait pas d'un crampon par rapport à la Suède.
Les Bleus avaient toute la confiance du coach.
Et une grosse envie d'effacer la triste soirée d'un 16 juin de pluie à l'Ullevaal. Quand l'équipe de France avait perdu son titre de champion d'Europe et ses illusions, dans une pathétique histoire d'eau, de sueur et de larmes.
Oslo avait été le théâtre d'une terrible déconvenue. Chacun voulait exorciser ce maudit rectangle, où tout avait basculé. De fait, l'équipe partait à 100 à l'heure. Avec des occasions en veux-tu en voilà. Papin, Amoros, Perez sur le poteau, Pardo, et Deschamps, encore.
Le but mûrissait, le fruit tombait sur penalty. Papin était gentiment fauché dans le coin de la surface par Jakobsen, surnommé « Mini » en raison de sa petite taille. Mini-faute, maxi-conséquence : JPP trompait enfin Thorstvedt, comme au match aller.
Ferreri était bien près de l'imiter, quelques secondes avant la pause, mais il tergiversait une seconde, après avoir dribblé le gardien norvégien.
Une seconde de trop. Bratseth revenait juste à temps pour dégager le ballon sur la ligne.
Le dernier train pour Rome venait de passer. Ferreri avait raté le marchepied.
Le rythme baissait nettement après la pause.
L'ennui tombait, avec la nuit. Puis les ennuis.
Leroux devait sortir, sur blessure, et Sauzée était sonné dans un jaillissement aérien.
Sans ses deux tours de défense, la France concédait une égalisation aussi catastrophique qu'inattendue, à cinq minutes de la fin, sur un corner de Berg et une tête catapulte de Bratseth, aux dépens d'un Bats trop court dans sa sortie.
Personne n'avait pris la responsabilité de marquer le capitaine norvégien, souverain dans le jeu aérien.
Une fois encore, Oslo était donc le tombeau des illusions françaises. Le coq n'avait chanté qu'une seule mi-temps. Dans les éliminatoires du Mondiale, c'était le quatrième point perdu dans le dernier quart d'heure, après celui de Nicosie et les deux de Belgrade ! Regard vide, cœur gros, Manu Amoros avait cette fois, compris. « C'est la première Coupe du Monde que je vais rater... »

*
* *

La deuxième place du groupe semblait effectivement promise à l'Écosse. Et, le 10 octobre 1989, le Parc résonnait des cantiques de la Clyde, teintés au malt et au houblon. Les Princes avaient passé un kilt. Toute une nation était derrière son équipe, venue chercher le point qui la séparait de l'Italie.
Mais les Français avaient leur orgueil, leur fierté.
« Cela m'embêterait de voir les Écossais effectuer un tour d'honneur au Parc, après les Yougoslaves », avouait Platini, qui avait perdu deux Marseillais en route, Papin et Amoros, légèrement blessés. Par rapport à Oslo, Silvestre et Durand effectuaient donc leur rentrée, Perez passant en pointe.
Les vingt-cinq premières minutes étaient très délicates, devant des Écossais à l'engagement et à la conviction légendaires. Le défenseur Gough montait régulièrement pour placer un coup de tête, qu'il a vigoureux.
Heureusement, il y avait Deschamps, l'homme pressé. Professionnel à 16 ans et demi, capitaine du FC Nantes à 19, marié et international à 20.
Un joueur précoce, depuis toujours. « A 11 ans, je mesurais déjà 1,70 m, raconte Didier. On m'avait alors placé avant-centre. Je n'avais aucun mal à marquer, j'étais deux fois plus grand que les autres... »
A la 26e minute, Didier replongeait en enfance.
D'une bonne frappe du gauche, il glissait le ballon dans un trou de souris entre le poteau et le gardien Leighton, signant son premier but en bleu.

La mi-temps survenait sur ce score (flatteur) de 1-0. Et réservait un petit drame. Leroux devait rester aux vestiaires, genou touché. On le saurait plus tard, beaucoup plus tard : le grand Yvon ne jouerait plus de la saison.
Après la pause, l'Écosse repartait fort. L'avantage bleu ne tenait qu'à un fil. Et à dix hommes, pour la dernière demi-heure. Di Meco, averti trois minutes plus tôt, commettait en effet la bêtise de tacler Johnston trop durement.
Le carton était rouge, mais la douche était... écossaise. Alors que l'équipe de Roxburgh se ruait à l'attaque, Ferreri lançait Cantona, complètement délaissé. Le 2-0 était au bout de sa course. Durand ajoutait même un troisième but, en fin de match, d'un tir contré !
Les joueurs étaient cuits, Perez tombait de crampes, mais les Bleus battaient bel et bien l'Écosse 3-0, à dix. Avec toute la réussite qui les avait fuis à Glasgow.

*
* *

C'était fou. L'équipe de France, qu'on voyait éliminée depuis un an, conservait ainsi une petite chance de qualification, toute petite. Il fallait, pour ce faire, que la Norvège réussisse un miracle à Glasgow, un mois après la fin de son championnat. La France allait ainsi rêver, secrètement, jusqu'au match du 15 novembre, que Platini choisissait de vivre dans la salle de projection de Canal Plus. La tête et les jambes rue Olivier-de-Serres, le cœur et les yeux au Hampden. « Ce soir, je suis Norvégien », avouait-il. Et tout l'Hexagone avec lui...
« Sauvez-nous ! » demandait d'ailleurs *France-Football* à la une sur une photo en couleurs des Norvégiens. Et Kojedal et les siens, admirables, faisaient leur maximum. Mais ils ne pouvaient qu'arracher le nul, à la dernière minute, non sans qu'un tir de Fjoertoft eût échoué sur le poteau. Platini était passé par tous les états d'âme, mais le miracle n'avait pas eu lieu. Pour la première fois depuis 1974, la France ne participerait pas à la Coupe du Monde.
Le dernier match contre Chypre, dont le seul but était d'éviter une raclée, ne présentait dès lors plus aucun intérêt. Deschamps et Blanc assuraient tout de même la victoire, pour la forme, mais sans le cœur.
La France rendait sa dernière feuille, automne monotone, fêtant tout de même son poète, qui avait bouclé la boucle. Joël Bats jetait en effet les gants, sur ce terrain de Toulouse où il avait gardé pour la première fois la cage tricolore, six ans et cinquante sélections plus tôt.
Un bouquet de fleurs, un petit mot lu au micro, une émotion non feinte : le héros, c'était lui.
On peut être l'acteur le moins sollicité d'un match, et le plus applaudi.

DESCHAMPS 1 / ÉCOSSE 0
L'homme pressé

Ouragan sur la Canebière

Sorti doublement victorieux, Coupe et championnat, de la saison 1988-1989, l'OM de Bernard Tapie se lance dans une vertigineuse farandole. C'est du Labiche. Ça rentre par la porte, ça sort par la fenêtre ; les amants rigolos croisent des cocus rigolards. Ça parle, ça crie, ça rit, ça pleure. C'est du théâtre de boulevard, et du grand !

Un certain Diego Maradona est longtemps resté le personnage central de cette désopilante comédie, où les milliards valsent en rêve ou en réalité. En vraie-fausse rupture de Naples, qui ne veut pas le lâcher, l'Argentin – qui n'en a pas encore fini avec sa crise d'adolescence – fait souffler le chaud et le froid. Du Brésil, où il est parti disputer la « Copa América », il dit tout et son contraire, ce qui suffit à le mettre au niveau des dirigeants olympiens.

Bernard Tapie le 14 juin : « Je n'ai pas rêvé une seule minute. Maradona, c'est une affaire classée. Je ne veux plus en entendre parler. »

Bernard Tapie le 4 juillet : « Diego a fait des déclarations allant dans le bon sens. »

Bernard Tapie le 8 juillet : « S'il n'a pas signé avant le 14 juillet, il ne viendra pas. »

Diego Maradona le 11 juillet : « Je n'ai plus beaucoup d'espoir que le président de Naples change d'avis. »

Diego Maradona le 15 juillet : « Je veux jouer à l'OM. Naples devrait accepter les 160 millions de francs qu'on lui propose. »

Jean-Pierre Bernes (secrétaire général) le 23 août : « Nous ne voulons plus entendre parler de Maradona. »

Bernard Tapie le 31 août : « Je veux toujours Maradona. »

Maradona, c'est le feuilleton d'un été agité. « On m'a proposé soixante-dix joueurs. », dira plus tard Gérard Gili. Parmi ceux-ci, Chris Waddle. Une cassette de cinq minutes montrant ses plus beaux buts a convaincu Bernard Tapie que sa place était à

MANUEL AMOROS A L'OM
Monaco ne pouvait résister

l'OM et non à Tottenham. Il met 45 milions sur la table. Les Anglais, d'habitude si stoïques, en renversent leurs rôties-marmelade sur leurs vestes à rayures. « Lorsque mon manager m'a révélé le montant du contrat, j'ai lâché le combiné, dit Waddle. Je ne pouvais refuser tant d'argent. »
La moitié du transfert lui revient. Tout à sa joyeuse surprise, il ajoute naïvement : « Je dois avouer que je n'avais jamais entendu parler de Marseille.
Je pense que j'évoluerai en position décrochée sur le côté gauche. »
Waddle jouera en position avancée sur le côté droit mais à ce tarif-là, il aurait même joué stoppeur s'il l'avait fallu.
En comparaison du Britannique, Amoros vient pour une bouchée de pain : 20 millions de francs, et Monaco accepte un départ dont il ne voulait pas entendre parler. Henri Biancheri, son directeur sportif, concède : « Monaco ne pouvait pas résister aux arguments sonnants et trébuchants de Marseille. » Sans doute la principauté a-t-elle besoin d'augmenter ses réserves de trésorerie...
Voici maintenant Jean Tigana, des Caillols, fils prodigue qui s'en revient au pays, avec Alain Roche dans ses bagages, en échange d'Allofs et de Meyrieu, auxquels s'ajoute beaucoup d'argent.
Bez et Tapie se détestent cordialement. Mais ils ne s'entendent jamais aussi bien que lorsqu'il faut parler affaires. Ce qui n'est pas un paradoxe.
Quand le championnat débute, l'OM, qui a également engagé le Brésilien Carlos Mozer depuis longtemps, et Carmelo Micciche le Messin sur le tard, cherche encore un étranger.
Il cherche aussi des noises à Michel Hidalgo, qui n'est plus depuis longtemps pour Tapie « le meilleur entraîneur du monde ». Le président considère qu'il a été trahi par son employé le jour où celui-ci a refusé de succéder à Gérard Banide en lieu et place de Gérard Gili. Depuis, il multiplie les coups de pique à son endroit et à son envers.
Comme Hidalgo ne semble pas comprendre qu'il doit rentrer sous terre, Tapie le lui fait savoir ouvertement. Le 21 juillet, il le décharge de toute action sportive et financière au sein de l'OM et lui propose de devenir salarié du groupe Tapie, à charge pour lui d'obtenir la construction d'un stade de 60 000 places à Marseille, et de s'occuper de la construction du futur centre de formation, de sa piscine et de son bar-house.
Et vous croyez que Tapie se moque d'Hidalgo ?
Pas du tout. Ce dernier déclare qu'il trouve que certaines choses ne sont pas très propres, mais il s'empresse d'accepter. « Je voulais rester à Marseille », dit-il. A un certain tarif, les humiliations valent la peine d'être subies.
Voilà l'ancien sélectionneur reconverti dans la pierre et les bouées.
Tout ce brouhaha n'empêche pas les joueurs de jouer et le championnat de démarrer.
L'OM défend son titre. Mais il doit surtout en conquérir un autre à l'échelle du continent. Enzo Francescoli ne sera pas de trop pour collaborer à ce vaste dessein.
Il signe au matin d'une troisième journée qui coïncide avec la première défaite des Marseillais. En championnat, ils suivent un parcours plutôt irrégulier. Qu'importe pour l'instant. Tapie veut l'Europe ; il ne cesse de le répéter. Gaétan Huard reconnaît : « Vu les efforts de recrutement, c'est logique. » D'autres, comme Éric Di Meco, n'arrivent pas encore à assumer un tel défi : « Bernard Tapie parle certainement de la gagner dans un délai rapproché, un an ou deux au maximum. »
Non. Il la veut tout de suite, en mai 1990. Alors, au travail. Le premier adversaire vient du Danemark. Les joueurs de Brondby sont des amateurs.
L'ancien international Morten Olsen, qui les entraîne, a vu jouer l'OM. « Les Marseillais font peur. Nous viendrons ici pour limiter les dégâts ; ce ne sera pas évident. »
Au match aller, au Stade Vélodrome, devant moins de 19 000 spectateurs – les dirigeants s'étaient sans doute trompés d'un zéro dans le prix des places –, les Danois tiennent une heure. Dans les trente dernières minutes, l'OM accélère et marque à trois reprises par Sauzée (62e), Papin (66e) et Vercruysse (80e).
« Nous ne nous sommes pas affolés, note Gili. Aucune équipe ne peut résister comme ça durant une heure et demie. Ça devait obligatoirement finir par craquer. »
Quinze jours plus tard, le match retour n'est qu'une formalité. Papin a très vite répondu en seconde mi-temps à un but d'Olsen et l'OM, qui a joué derrière, n'a jamais tremblé. Au chapitre des anecdotes, la présence dans les buts marseillais d'un certain Jean Castaneda, recruté comme doublure de Huard, qui s'est blessé aux côtes.
L'ancien Stéphanois a retourvé l'Europe, ce qui le réjouit : « La grosse toile, le but catastrophe, ça peut arriver, lâche-t-il en rigolant. A tous les autres ; pas à moi. » Il y a des sujets avec lesquels il ne faut pas plaisanter.
Pour les huitièmes de finale, le sort n'est pas trop coquin avec les Marseillais. Tandis qu'il met face à face les deux géants, Milan et le Real, il leur offre les Grecs de l'AEK Athènes. Bernard Tapie fête cet heureux hasard, en signant un contrat de sponsoring avec la firme japonaise Panasonic, d'un montant de 85 millions pour trois ans. Le double de ce qu'Opel offre à Bordeaux.
L'argent rentre plus vite que les points en championnat. Par confort de gestion, l'OM écrème. Micciche retourne dans sa Lorraine natale et Bernardet s'en va à Toulon. Le va-et-vient se poursuit dans l'hôtel marseillais. Il faut l'Europe pour bander énergies et volontés. « La Coupe d'Europe, dit Tigana, c'est un monde différent.

CARLOS MOZER, LE BRÉSILIEN
Le roi des airs

C'est le rendez-vous du président ; le rendez-vous du club. » Les joueurs y seront fidèles.
Ils pourraient éventuellement être impressionnés par l'effectif grec. En matière d'étrangers, l'OM fait très fort. Que dire cependant de l'AEK, qui compte dans ses rangs un Polonais, un Yougoslave, un Cap-Verdien, un Chypriote, deux Australiens et un Américain ? Il lui aurait fallu pourtant au moins un Brésilien, un Allemand et un Italien de plus pour passer l'obstacle.
Le premier match se déroule de nouveau à Marseille. L'OM, qui aligne ses quatre étrangers et une défense centrale Mozer-Foerster, n'est pas vraiment malheureux. A la 5e minute, Patikas marque un but que l'arbitre suisse M. Sandoz lui refuse pour lui donner un coup franc. Au passage, Foerster a commis une faute. « J'ai sifflé trop vite », reconnaîtra après coup le neutre personnage. Sur le coup franc, Okonski tire sur le poteau. C'est en seconde période que l'OM creuse la différence. Grâce à Papin qui marque d'abord de la tête (54e) puis centre sur le pied de Manolas qui bat malencontreusement son gardien (78e).
« On veut la Coupe d'Europe, dit Gili. On est parti avec cette conviction. Elle vivra en nous jusqu'au bout. »
Toutefois, la rude défaite subie trois jours plus tard à Bordeaux (3-0) inquiète Bernard Tapie : « Nous avons suffisamment de joueurs de haut niveau mais nous n'arrivons pas à les faire jouer ensemble. » Pour rester dans la logique marseillaise, tout le monde en conclut que si le président trouve son effectif suffisant, c'est certainement qu'il envisage de le renforcer. Patience, patience.
Une chose est sûre. Il ne transigera pas avec la qualification : « Ils doivent se qualifier, il vont le faire. » Exécution. « On se prépare à défendre, a prévenu Gili ; le temps travaille pour nous. »
Jean-Pierre Papin préfère travailler pour le temps et

la postérité. C'est lui encore qui rassure ses camarades et ses dirigeants.
Avant d'en arriver là, les Marseillais ont dû subir une terrible pression populaire. Sifflés pendant une heure par 1 000 supporters grecs durant leur ultime entraînement, ils mettent plus d'une demi-heure pour accomplir le lendemain les cent derniers mètres les séparant du stade, dans un autocar sur lequel s'abattent pierres et bouteilles. Il n'est pas toujours agréable d'aller se faire voir chez les Grecs.
Même si ce que les Marseillais leur montrent sur la pelouse est du plus bel effet. Bien qu'ayant tendance à évoluer un peu trop derrière, ils contrôlent les opérations et se créent des occasions. S'ils cèdent à la 77e minute sur un penalty peu évident, sept minutes plus tard, JPP file à toute allure inscrire le but égalisateur ; son quatrième en quatre matches. L'OM hibernera tranquillement. Il retrouvera l'Europe en même temps que le printemps.
Gili parle de solidarité et Tapie – si, si, c'est sérieux – du recrutement d'un éventuel joker. Il lui manque une clé pour verrouiller son milieu. Elle s'appellera Deschamps, et tout se passera dans la plus merveilleuse des franchises.
Le 3 novembre, Robert Budzinski, le directeur sportif nantais, affirme : « Il est hors de question de transférer notre joueur en cours de saison. » La piste Deschamps semble de plus en plus sérieuse. Il ajoute : « Bien sûr, si on nous mettait 40 millions sur la table, on serait amenés à réfléchir. » La barre est placée.
Le lendemain, Tapie tranche : « Il n'y aura pas de renfort à Marseille. » Comme ça, on est certain qu'il y en aura un. Le joueur, moins tordu, se contente de dire : « L'OM ? Pourquoi pas ? »
A 21 ans, et pour 17 millions de francs ajoutés à Patrice Eyraud (ce qui, au barème Budzinski, place ce joueur à 23 millions de francs, merci pour lui), le jeune capitaine des canaris va faire cui-cui sur la Canebière.
Dans la foulée, quarante-huit heures plus tard, c'est le Yougoslave Dragan Stojkovic, 25 ans, meneur de jeu de l'Étoile Rouge de Belgrade et de sa sélection nationale qui donne son accord à l'OM pour, dit-on, 49 millions de francs, record de Waddle battu. Un chiffre que Tapie dément, ce qui est bien la seule chose qui ne coûte rien, se contentant d'affirmer : « Il a coûté la moitié de ce qu'il aurait coûté après le Mondiale. »
En attendant, Barcelone, l'Atletico de Madrid, Séville, la Sampdoria, la Juventus, Bordeaux et Monaco, qui étaient tous sur le coup, peuvent aller se rhabiller.
Avec Stojkovic, alors que pointent les premiers frimas, Bernard Tapie se prépare déjà à conserver en 1991 le trophée européen qu'il compte bien décrocher en 1990.

CHRIS WADDLE, CONTRE BRONDBY
45 millions sur la table

KALMAN KOVACS, BIEN ÉQUILIBRÉ
Auxerre ira loin

PASCAL VAHIRUA, OPPORTUNISTE
L'oiseau des îles

Italie, tout le monde descend

Les doigts de pied en éventail, la France se bronze. Elle n'arrive pas vraiment à se souvenir que des Anglais en moins et quelques décimales en plus l'ont autorisée à engager une troisième équipe en C3. A charge pour elle de franchir un tour préliminaire.
Les vacances, Guy Roux ne connaît pas. Il est actif 365 jours par an, 366 les années bissextiles. Passionné, provocateur, râleur, théatral, idéaliste, tyrannique, ingénieux, audacieux, roublard, excessif, inventif, démagogue aussi parfois, l'entraîneur auxerrois est un beau parleur.
Il détient la vérité et ne résiste jamais au plaisir de la faire connaître.
Contre le Dinamo de Zagreb, les Bourguignons vont jouer deux tours en un. Le vainqueur affrontera un modeste. Il vient d'Albanie et s'appelle Appolonia Fier. Battre Zagreb, c'est sauter à pieds joints dans l'automne et les seizièmes de finale. C'est la perspective réjouissante de passer enfin un tour après trois tentatives infructueuses. Seulement Zagreb, ce n'est pas rien. Boban et Suker, ses deux attaquants vedettes, ont été champions du monde juniors en 1987. Et l'AJA ne va pas fort en championnat. Avec sa finesse habituelle, Guy Roux a tempêté. Et menacé son capitaine Claude Barret : « Je lui ai dit que s'il ne respectait pas mes consignes, il ne jouerait plus dans cette équipe et que sa carrière serait fichue. » Inutile envolée. Le match aller semble pousser les Auxerrois vers la sortie. Dinamo gagne 1-0 grâce à Suker qui marque à la 80e au bout d'une impossible action dans le courant de laquelle le ballon frappe deux fois les poteaux de Bruno Martini. « Ce but est inconcevable, dira le placide gardien. C'est une partie de billard. »
Battus aux trois bandes, les Français se refont à la belote. Guy Roux, qui a trouvé « la création un peu rare lors du match aller », possède dans son jeu un atout de poids et de dernière heure. Le jour même de cette cruelle déconvenue à domicile, il a engagé le Belge Enzo Scifo, en rupture de Bordeaux, où on lui reproche d'être cher et de ne pas entrer sur le terrain avec un pistolet dans une poche et une grenade dans l'autre.
Scifo l'artiste a consenti de gros sacrifices pour venir dans une ville et un club qu'il ne connaît absolument pas. Pourtant, Scifo est un grand footballeur. Il va rapidement le prouver. « Avec 0-0, j'aurais eu des frayeurs pour le retour », avait déclaré Josip Kuze, l'entraîneur yougoslave.
A 1-0, il aura carrément des cauchemars.
A Zagreb, devant 50 000 spectateurs, l'AJA fait frétiller les doigts de pied, toujours en éventail, de la France en vacances.
Ce jour-là, la grâce touche Didier Otokoré, un jeune Ivoirien de 20 ans, habituel joker de l'équipe. C'est Kovacs le Hongrois qui ouvre le score ; 50 011 Yougoslaves pensent qu'Auxerre sauve l'honneur. Quatre minutes suffisent pour passer de l'honneur à l'horreur. Lancé par Scifo, Otokoré perfore au centre et marque. Et si Panadic rend l'espoir aux siens en début de seconde mi-temps, Otokoré n'a besoin que de deux minutes pour montrer qui il est. Aile de pigeon, tir lobé du gauche. Lumineux, ahurissant. Auxerre rejoint Sochaux et le Paris SG sur la ligne de départ. Il a conquis le droit de faire le fier et Guy Roux celui d'affirmer :
« Nous mériterons le label européen quand nous serons en quarts de finale. »
Pour leur entrée en lice, Sochaux et le Paris SG ont été gâtés. Les joueurs de Sylvester Takac ont tiré le gros lot : Jeunesse Esch la Luxembourgeoise, dont le dernier défenseur est un douanier peu regardant. Il laisse passer tout le monde. En 47 matches européens Esch a encaissé 150 buts ; en 49 le total passe à 162 ; 7-0 à l'aller, 5-0 au retour ; 4 buts pour Thomas, 2 pour Lada, Oudjani, Carrasco, Silvestre. Cela s'appelle un tour de chauffe.
De son côté, le Paris SG a failli prendre froid contre

les Finlandais de Lahti. Le début de saison de l'équipe parisienne a été contrasté. Première après sept journées, elle a suscité la critique pour la rudesse de ses joueurs et la rigidité de son jeu. Confrontée à un problème d'identité, elle ne ressemble pas du tout à la ville qu'elle représente. Ivic a tamisé toutes les lumières. Il avance avec obstination dans l'obscurité et l'obscurantisme. En août, il a démissionné, estimant que « le recrutement n'était pas adéquat et qu'il ne pouvait pas obtenir les résultats escomptés ». Démission refusée.

En Finlande, le Paris SG, engoncé dans sa frilosité maladive, arrache un pénible 0-0. Commentaire de Ivic : « Vous croyez vraiment que je leur demande de ne pas prendre de risques ? » Commentaire de Susic : « On a été trop prudents. C'était un match complètement nul. » Commentaire de Vujovic : « C'est tout le monde derrière et Zlatko devant. Comment voulez-vous que je marque ? » Savoureux.

La salade yougoslave sera un peu plus digeste au retour. Susic est dans un bon soir. Heureusement, car les Finlandais marquent au bout d'un quart d'heure. Francis Borelli manque de s'étouffer. Susic égalise trois minutes plus tard. A la mi-temps, le Paris SG est éliminé. Vujovic va le qualifier en reprenant de la tête un centre de Susic puis en obtenant un penalty transformé par Calderon, qui range au rayon des péripéties le but encaissé à l'ultime minute.

En seizièmes de finale, le hasard est plus fourbe. Sochaux et Paris SG se retrouvent au pied de la grande muraille italienne. La Fiorentina pour l'un, la Juventus pour l'autre.

L'idole des tifosi de Florence s'appelle Roberto Baggio, meneur de jeu de 22 ans, qu'en ce début de saison les plus grands clubs, l'Inter, Milan AC, la Juve courtisent déjà. « Aujourd'hui, Baggio c'est Zico ; demain, ce sera Platini », dit de lui Bruno Giorgi, son entraîneur.

Baggio ou pas, la Fiorentina peine dans son championnat. Takac est raisonnablement optimiste. L'entraîneur sochalien a vu juste, car son équipe revient du match aller, disputé à Pérouse (le stade de Florence est en travaux pour le Mondiale), avec un joli 0-0. Baggio a tout tenté. Le Brésilien Dunga également. Seulement, Rousset est grand. Il a tout arrêté.

Le match retour ne sera hélas ! qu'un concentré de déception, une caricature de match raté. Sochaux, privé de Bazdarevic suspendu, se trouve rapidement en infériorité numérique. Dès la 5e minute, le libero Faccenda est venu du bout du monde pour placer une charge monumentale sur Lucas qui filait vers le but. L'arbitre espagnol M. Aladren a été impitoyable : carton rouge. Pourtant c'est la Fiorentina qui assure le jeu ; sur une erreur de Laurey, c'est elle qui marque par

ENZO SCIFO, ROI D'AUXERRE
Bordeaux n'en voulait plus ...

VUJOVIC ET LE PARIS-SG
On ne passe pas

Buso au détour de la demi-heure de jeu. Trois minutes plus tard, Laurey se rattrape. Il égalise au bout d'un corner de Thomas dévie par Lada.
Il manque encore un but aux Sochaliens. Jamais, dans le courant d'une calamiteuse seconde période faite d'approximations et d'imperfections, ils ne seront en mesure de l'inscrire. Première station du chemin de croix à l'italienne.
De son côté, le Paris SG n'a jamais menacé la vieille dame de Turin, qui transporte dans son sac 190 rencontres européennes. Certes, contre un tel adversaire, il a logiquement haussé le niveau de son jeu. Cela ne pouvait suffire. A l'aller, Ivic a trouvé Sene extraordinaire, il a trouvé que Susic ne pouvait pas mieux jouer. Dino Zoff, son confrère italien, a simplement trouvé que son équipe méritait de l'emporter par plus d'un but d'écart. Car si le Paris SG a eu quelques occasions, la Juve a gagné. A l'italienne. Un but de Rui Barros, son Portugais de poche, 1,60 m quand il se redresse. But classique de niaiserie. Pendant que les Parisiens geignent et contestent, Marrochi tire un coup franc sur Schilacci qui prolonge sur Rui Barros, lequel s'en va seul vers Bats.
« Pour battre la Juve, il faudra jouer comme elle », affirme Ivic avant le match retour. Le combat est perdu d'avance. Le Paris SG, rongé par son grand débat interne, reste sur cinq défaites. Ajoutez-en une. Bravo, profitant d'une mésentente entre Bonetti et Tacconi, a répondu à la 30e minute au but inscrit quatre minutes plus tôt par Galia. Jamais pourtant les Parisiens ne seront en mesure d'inscrire un second but avant que De Agostini ne les accablent, à sept minutes de la fin, d'un tir lointain détourné par Bosser. Chemin de croix à l'italienne, deuxième station.
Pendant ce temps, Auxerre trace tranquillement son sillon. Les Albanais ont encaissé 8 buts (5-0 et 3-0) sans en rendre un seul. Basile Boli a inscrit le premier d'entre eux une heure après avoir appris qu'il était papa pour la première fois. De Bérengère. Cette réponse du berger à Bérengère a fait beaucoup d'autres petits. Des jumeaux pour Vahirua et Scifo, des exemplaires uniques pour Guerreiro et Cocard. Un défenseur albanais a complété l'addition.
Heureux Auxerrois, qui se voient désigner les Finlandais de Rovaniemi en seizièmes de finale. Pétris d'humour, ils font bégayer l'histoire, inscrivant encore 8 buts (encore 5-0 et 3-0).
Au match aller, Auxerre se joue du terrain gelé et de son rival. Otokoré sonne la charge dès la 2e minute. La cause est déjà entendue. Scifo marquera 3 buts au total, Guerreiro, Cocard, Darras, Dutuel un chacun.
Auxerre, qui gomme son passé en même temps qu'il brûle ses complexes, se retrouve au pied de l'hiver comme au cœur de l'été : seul sous les projecteurs européens. La C1 et la C2 sommeillent déjà. L'adversaire est grec. Il s'appelle Olympiakos. Il pèse 25 titres de champion et 18 coupes. Victime du traditionnel syndrome de la haute compétition qui érode les esprits lors des tâches plus quotidiennes, l'AJA, absente en championnat, se sublime à Athènes. Guy Roux a beau dire : « Nous avons affiché l'illusion de la maîtrise, pas une réelle maîtrise », le but marqué par Kovacs à la 19e minute vaut beaucoup plus cher que celui inscrit à la 30e minute par Anastopoulos.
Jusqu'au match retour, Guy Roux gave ses joueurs de produits naturels de la ferme et de bons conseils. Sur un terrain gelé, il choisit une option défensive. Tenir plutôt que courir. Et Auxerre tient. Incrédule, la deux cent cinquantième ville du pays se retrouve en quarts de finale d'une Coupe d'Europe. Sans modifier ses habitudes. Au menu du repas d'après-match pris au stade, salade, rôti de veau, coquillettes et tarte. Le football profond protège ses racines.
« Par le passé, dit Guy Roux, j'ai déjà eu des équipes plus chatoyantes, plus coulées. Mais celle-ci est probablement celle qui sait le mieux rassembler ses forces le moment venu. » Sondés par *L'Équipe*, 46% des spectateurs du foot élisent en Guy Roux l'entraîneur de l'année.
Un numéro 1 qui se retrouve face à un terrible challenge. Le sort a offert la Fiorentina à Auxerre. Revoilà la bande à Baggio. C'est peu dire que Roux s'est renseigné sur son futur adversaire. De l'espionnage industriel. Takac l'a aidé, mais aussi Lobanovski, entraîneur de Kiev, éliminé par les Italiens qu'il a lui-même vus évoluer trois fois, soit une de moins que Dominique Cuperly, son adjoint. Bilan : « Le calcio est le championnat le plus fort du monde. Pas un entraîneur français ne vaut son homologue italien. Je ne suis pas optimiste du tout. »
Le déroulement du match aller à Pérouse confirme une prévision que le score infirmerait plutôt.

Auxerre brinquebalé, saoulé de coups d'un bout à l'autre de la rencontre, ne concède qu'un seul but. « Un but comme on n'en prend plus », dit Guy Roux, pour stigmatiser la série d'erreurs qui a précédé la réussite à bout portant de Volpeccina dès la 9e minute. Martini a été héroïque. L'exubérant Boli déclare : « On a fait tout un plat de cette équipe italienne. Je n'ai jamais été impressionné. »
Boli est encore jeune. Il n'a pas compris que les Italiens n'impressionnent pas : ils se qualifient, tout simplement. Guy Roux, lui, sait : « Remonter un but à une équipe italienne reste un exploit. »
Il est un peu nerveux. Une semaine avant le match retour, il a fait de l'exhibitionnisme lors d'un match contre Saint-Étienne, galvanisant son public, lui remontant les bretelles à grands coups de cris et de gestes, pesant sur l'arbitre, bouclant enfin la boucle par un tour d'honneur, rien que ça, après un pâle succès.
Le moment venu, la fièvre monte au stade Abbé-Deschamps, où se trouve rassemblé l'équivalent de la moitié de la population de la ville. Mais elle va peu à peu retomber. La Fiorentina n'est pas venue pour tricoter. Elle ralentit le jeu et accélère l'antijeu, multipliant les petits trucages. Auxerre ne s'ouvre jamais le chemin du but. Et quand Cocard est accroché dans la surface de réparation, il se retient de tomber, pour poursuivre vainement son action. « S'il y avait un prix de la candeur et de la naïveté, il l'obtiendrait, dira Guy Roux. On ferait bien en France d'apprendre le réalisme. Vous mettez Baggio à la place, il y a penalty. »
Mais Baggio est en face. Il tombe dans les bras de Nappi après que celui-ci, à dix minutes de la fin, s'en est allé tranquillement battre Martini. Chemin de croix version italienne, troisième station.
Il reste pourtant l'extraordinaire exploit d'une « équipe de village » qu'un entraîneur inspiré a conduit en trente ans de la promotion d'honneur aux quarts de finale d'une coupe d'Europe. Il reste cette vérité éclatante, assenée par Guy Roux, bien sûr : « A ceux qui me disent : "Qu'est-ce que tu fous là, pouquoi ne vas-tu pas dans un grand club ?", je réponds : "Auxerre est un grand club."

LAUREY EMPÊTRÉ DEVANT LA FIORENTINA
Des Italiens accrocheurs ...

Une cuvée qui a du corps

La saison 1988-1989 a laissé les Girondins de Bordeaux exsangues. Un entraîneur licencié ; une treizième place en championnat ; une élimination prématurée en Coupe ; pas d'Europe à l'horizon et des dettes qui s'accumulent. Les Girondins ont la gueule de bois. Claude Bez leur agressif président ne crâne pas. L'année s'annonce décisive.
Pour gérer une situation particulièrement opaque, il est allé rechercher Raymond Goethals. L'entraîneur belge est passé par la Gironde en 1979-1980. Il a 66 ans. Goethals est un roublard ; un filou sympathique. Suspendu à vie en Belgique pour une affaire de match truqué, il a été gracié. Goethals ne pense qu'au football ; il ne vit que pour le football ; il ne parle que de football. Il en connaît tous les mécanismes, tous les ressorts. Pourtant, en juillet, il est un peu perdu.
En matière de recrutement, Bordeaux ne semble même plus donner dans l'approximatif, mais carrément dans le n'importe quoi. « Ne venez pas me voir, je ne sais rien », dit Goethals désemparé, alors que le travail a repris depuis plus de quinze jours.
« Je ne veux pas de quatre étrangers dans mon équipe », a-t-il prévenu, effrayé par la perspective d'une concurrence malsaine. Or, quand Klaus Allofs arrive de Marseille, croisant Tigana et Roche, il en a tout simplement sept : Kaltz, Olsen, Den Boer, Kozma, Allen, Scifo et Allofs. Prudent, il reconnaît que le patron, c'est Claude Bez : « Je n'ai pas la prétention d'avoir les pleins pouvoirs, même sur le plan technique. » Un langage clair et réfrigérant.
Ce qui ne l'empêche pas d'émettre des opinions : « Olsen est indispensable, Kaltz pourrait être libéro, Kozma ne me semble pas apte à tenir ce rôle. » Chacun y va de son petit couplet, qui inquiétant, qui rassurant. Alain Giresse, le directeur sportif, en a perdu la belle vision du jeu qui faisait sa force

JEAN-MARC FERRERI EN POINTE
Sa meilleure saison bordelaise

sur les terrains : « Rien n'est simple, mais on le savait. C'est vrai qu'on n'y voit pas très clair. »
Claude Bez n'a pas que des amis dans le milieu. Nombreux sont ceux qui le regardent avec amusement tenter maladroitement de s'extraire de son cloaque, persuadés qu'il n'y parviendra pas. Grossière erreur. Joseph-Antoine Bell, gardien de but et des grands idéaux, donne son accord à ce président qui se proclame volontiers « raciste ».
Il rejoint Bernard Pardo, Jean-Luc Dogon et le Hollandais Den Boer, une trouvaille maligne et malinoise de Goethals. Il sera suivi de Jean-Philippe Durand le Toulousain, et surtout du revenant Patrick Battiston et de Klaus Allofs.
« Notre équipe n'est pas médiatique mais efficace, dit Claude Bez. C'est une équipe pour être européen. »
A trois jours du début du championnat, Goethals se veut plus prudent : « Je ne parle pas de qualification européenne. Je pense que nous terminerons, à moins d'une surprise, entre la cinquième et la dixième place. » Un pessimisme qui lui vaut un rappel à l'ordre immédiat de son président : « Il est impossible de ne pas être européen deux ans de suite. »
Bordeaux va jouer sa tête. Et la garder. Le voilà, le rival vaillant et inattendu que l'on cherchait à l'OM. L'équipe a de la bouteille. Elle y ajoute une incroyable stabilité. Dès la deuxième journée,

BERNARD PARDO
Un architecte

Goethals a trouvé sa formation type. Elle ne variera plus jusqu'à la fin de la saison : Bell (34 ans) – Thouvenel (31 ans) ; Sénac (30 ans) ; Battiston (32 ans) ; Lizarazu (19 ans) – Pardo (28 ans) ; Durand (28 ans) ; Olsen (28 ans) ; Ferreri (26 ans), Den Boer (31 ans), Allofs (32 ans). Si le jeune arrière basque ne s'était pas substitué à Ayache (28 ans), blessé avant le commencement du championnat, la moyenne d'âge de cette formation aurait atteint 30 ans. Du jamais vu.
Rassuré, Claude Bez, qui a besoin de beaucoup d'argent, arrive peu à peu à dégraisser son effectif. Allen est retourné en Angleterre, Scifo part pour Auxerre, le Hongrois Kozma pour l'Écosse, Stopyra pour Cannes, Kaltz pour Mulhouse, Ayache pour Montpellier.
Et Olsen, dont il s'entête à annoncer régulièrement le départ imminent, reste. Parce que Goethals l'impose dans une équipe qui gagne. Ce qui lui vaudra, en mai, un hommage bien peu châtié d'un certain Bernard Tapie, que l'on ne peut suspecter de complaisance : « Si en début de saison, on m'avait dit que Bordeaux allait me faire chier comme ça jusqu'à quatre journée de la fin, j'aurais parié ma tronche que c'était impossible. J'entendais parler de Kaltz, de Kozma. Je me disais : "Qu'est-ce que c'est que ça ?" Puis tout s'est mis en place rapidement et les Girondins se sont retrouvés avec une équipe très valable. »
A Montpellier, lors de la troisième journée, deux destins basculent. L'un du mauvais côté, l'autre du bon. Deux buts de Den Boer et Allofs et voilà Bordeaux en tête avec cinq points. Pour la première fois, Goethals pousse un air qui devient l'hymne de sa saison : « Rien ne justifie notre classement. Nous voulons être européens. La première place, nous la laissons aux autres. »
Les autres, c'est-à-dire l'OM, vont devoir cravacher pour la récupérer huit mois plus tard. Goethals se vante beaucoup quand il dit : « C'est notre façon de jouer qui plaît. Peu de monde peut nous égaler au niveau de la manière. » Mais les résultats suivent. Ferreri, plusieurs fois cantonné sur le banc, parce qu'il avait émis l'idée que Bordeaux pourrait peut-être jouer un peu plus offensivement, devient enfin un meneur de jeu indiscutable. Pardo, lui, est un architecte, Bell un mur, Allofs une perceuse, Den Boer un marteau, Battiston une serrure.
Bardé de tout cet attirail, Bordeaux passe partout. Sans jamais briller. Bordeaux devient un gagne-petit, un épicier. Au bout de dix journées, il n'a encaissé que deux buts, record du genre, mais il a bien peu rendu la monnaie, n'en ayant inscrit que seize. Goethals continue à clamer sur les toits : « Mais qui donc peut battre Marseille ? » Son équipe peine souvent, et perd plusieurs fois la tête. Une fois au classement, quand après onze journées l'OM revient à hauteur avec un match en retard. Deux fois au moins par des réactions saugrenues :

PIET DEN BOER, LANCÉ
Un marteau

expulsion d'Allofs à Caen lors de la première défaite ; crise anti-Vautrot de Goethals à Paris pour un penalty accordé au Paris SG.
Au bout de quatorze matches, Bordeaux a marqué dix-neuf buts. Autant que le RP1. Il est pourtant de nouveau en tête. C'est alors que l'OM, qui vient de battre l'AEK d'Athènes en Coupe d'Europe, se pointe en Gironde et reçoit une mémorable tripotée. Ferreri marque un penalty dès la 7e minute. Il en rate un second vingt minutes plus tard. Il se rattrape en seconde période en inscrivant un superbe second but. Allofs se charge d'alourdir le score. Cette fois-ci, Bordeaux a ajouté la manière au résultat. Et que dit Goethals ? « Je continue à penser que l'effectif de l'OM finira par peser de tout son poids. »
Une semaine plus tard, à Lyon, les Girondins écornent leur image de marque en neutralisant, avec le concours d'un adversaire conciliant, les dix dernières minutes de la rencontre. Une scandaleuse séance de sur-place qui n'ajoute rien à la gloire du championnat et de son leader. A mi-parcours, celui-ci n'a encaissé que six buts, tous à l'extérieur. L'OM, qui compte toujours un match de retard, est à 4 points, Toulouse, Sochaux et Monaco à 8. Quand sonnera l'heure de la trêve après vingt-trois journées, l'OM sera revenu à 3 points mais le troisième repoussé à 9.
Bordeaux a rempli son contrat. Il a d'ores et déjà en poche un ticket européen et peut toujours croire au titre. En janvier, pour la première et la dernière fois, Goethals se laisse aller : « Bordeaux peut être champion s'il maintient son rythme. » Claude Bez verse aussi dans une douce euphorie : « Au départ, j'ai fait cette équipe pour un an. Maintenant, je m'aperçois qu'elle sera compétitive beaucoup plus longtemps que cela. »
Faux. Elle accomplit les quinze dernières rencontres au rythme poussif d'une équipe de milieu de tableau. Les papis bordelais, qui ont eu tout bon en résistance, calent sur l'endurance.
Une défaite à Brest en février, agrémentée par l'expulsion de Thouvenel, marquera le début d'une dégringolade dont le point d'orgue sera, beaucoup plus que la défaite à Marseille (2-0), celle concédée huit jours plus tôt à domicile contre Auxerre.
Claude Bez, qui a toujours un avis de rechange, n'aime plus son équipe. Il décide de la chambouler pour la saison suivante. En son for intérieur, il sait néanmoins qu'il a bien joué son coup. Sans ses ancêtres, la ronde du championnat n'aurait été qu'un lassant monologue de l'OM.

On ne meurt que deux fois

Grièvement blessé le 13 février 1989, il a été achevé le 13 février 1990. Un an jour pour jour. C'est exactement ce qu'il a fallu à quelques chasseurs émérites pour expédier Aimé Jacquet en enfer.
De ses origines modestes, qui le conduisirent tout droit en usine par le biais d'un certificat d'études, il avait conservé le sens de certaines valeurs devenues obsolètes : l'intégrité, le goût de l'effort, la franchise, le respect humain.
D'une certaine façon, sa pureté, noble armure, l'avait longtemps protégé. Jacquet croyait en ce qu'il faisait. Mais, surtout, il croyait que les autres croyaient en ce qu'il faisait. Jacquet – et c'est en cela qu'il était admirable – était naïf.
C'est pourquoi son licenciement de Bordeaux l'avait laissé incrédule, hébété. Il se savait innocent, parce qu'il avait énormément travaillé, qu'il s'était investi charnellement. Il était coupable, simplement parce que le système paroxystique dans lequel il évoluait n'admettait pas la défaite.
Longtemps muré dans un silence poignant, il avait fini par livrer le fond de sa pensée, quand il s'était cru ressuscité, après avoir repris le collier à Montpellier. En fait de collier, c'est une chaîne en acier, dont il avait perdu la clé, qu'il portait autour de son cou.
Et le poids de ses mots n'était rien d'autre que celui de ses maux. Tragique, pathétique : « Ma mise à l'écart m'a profondément marqué. Me limoger était plus qu'une injustice. C'était une incorrection. Quand on a travaillé huit ans avec quelqu'un, on lui doit un peu d'égards. Ça laisse des traces. J'ai même envisagé de ne pas repartir. J'aurais foncé sur ma vieille idée : revenir à la formation. »
Quand il arrive à Montpellier, « le meilleur entraîneur de France », dixit Louis Nicollin, n'est pas en état de marche. Les tracas juridiques dans lesquels Claude Bez l'a entraîné le minent complètement. L'argent qu'il réclame, c'est tout simplement celui de son honneur perdu, bafoué par un président qui plaide, maintenant – pour garder ses sous –, l'incompétence, la faute professionnelle grave. Et la justice est lente.
Ce combat douteux est un cancer qui le ronge. Il lui aurait fallu beaucoup de tranquillité, de sérénité, pour se remettre à flot. C'est exactement le contraire qu'il trouve dans l'Hérault. On lui avait promis Perez et Xuereb, il récupère Paille et Cantona. L'affaire du siècle, selon Bernard Tapie, qui a vendu l'idée à Nicollin l'impulsif. Lequel ne trouve rien de mieux que de faire peser sur son nouvel entraîneur la responsabilité indirecte d'une décision que celui-ci honnit : « Je n'aurais pas pris Paille et Cantona, dit Loulou, si je n'avais pas pu embaucher Jacquet. Sans lui, je n'aurais pas commis ces folies financières. »
Le « cheikh des poubelles », comme il se surnomme lui-même, est aveugle. Il croit avoir épousé Jacquet. Il n'a épousé que son ombre.
Perturbé par cette nouvelle donne, déstabilisé par un challenge dont il ne voulait pas, par l'attitude de ses deux stars qui font bande à part, Jacquet affiche son mal-être et ses malaises : « Je n'ai pas encore la sensation de ce groupe ; je ne le respire pas. Et ça, pour un entraîneur, c'est difficile à vivre. Je subis les événements plus que je ne les devance. Pour gérer un tel groupe, il faut composer. Je suis encore un peu gêné dans mes rapports, dans mon approche. Je suis très tendu et un peu inquiet. Je ne peux pas dire ce qui va se passer. »
Tant d'aveux de faiblesse, lâchés au fil des jours, sidèrent après coup. Voilà que de façon prémonitoire son avenir lui explose à la figure, semblable à son douloureux passé : « Je n'ai plus de sensations comme avant. Je n'ai plus de passion. Je m'investis, c'est passionnant, mais ce flash me revient dans la gueule. »

AIMÉ JACQUET, ENTRAÎNEUR
Partir, revenir

JACQUET, AVEC MÉZY ET NICOLLIN
Une spirale infernale

Terribles paroles, terrible constat d'impuissance alors que le championnat a déjà recommencé et que, très vite, il tourne au calvaire. La défaite-symbole à domicile contre Bordeaux, lors de la troisième journée, marque le début d'une plongée abyssale. Après dix journées, il lâche : « Nous nous retrouvons au-dessous du niveau zéro. » Nicollin affirme : « Jacquet ? J'y crois. Il connaît son boulot ; j'ai pu le vérifier. Sans doute est-il légèrement perturbé. La défaite, il ne connaît pas trop. Et puis, il a ses problèmes avec Bez. C'est pas drôle. »
C'est même franchement triste. L'homme chargé de redresser la situation n'est qu'un automate. Jacquet agit de façon mécanique, par pur réflexe. L'incident Cantona-Lemoult finit de le broyer. Le coup de godasse que l'irascible attaquant donne à son petit camarade, dans le vestiaire de Lille, au soir d'une nouvelle défaite, n'aurait été qu'anecdotique si la chaussure n'avait pas rebondi sur la place publique.
Le renvoi de Canto rend service à Jacquet. Sa réintégration l'anéantit. Sans son international, Montpellier a obtenu un pauvre match nul à domicile (3-3) contre Saint-Étienne. Un résultat qui ressemble pourtant à une miraculeuse performance : « Une équipe a joué sans Cantona. Elle mérite attention et respect », dit Jacquet. Toujours sans Cantona, Montpellier perd à Caen, où Paille inscrit deux buts. C'est quand même lui qui part et son pote qui reste. Seul le contraire eût pu, éventuellement, sauver Aimé.
« J'aurais pu gérer son absence comme je gère son retour, dit-il à propos de Cantona. Mais ce n'est pas facile. Le groupe s'est fissuré. » La suite n'est qu'une lente déchéance, une désagrégation. « Les relations avec le président ne se sont pas altérées. J'espère bien qu'on va me garder », affirme-t-il, comme dans une supplique. Michel Mézy, qui est encore la voix de son maître, ne lui laisse pas beaucoup d'illusions à la fin des matches aller, que Montpellier finit dix-septième avec un point d'avance sur le dernier :
« La situation est grave. Les torts sont partagés : 33% pour les dirigeants, 33% pour les joueurs, 33% pour l'entraîneur. » Le genre de déclaration qui équivaut à un arrêt de mort. Nicollin, après la vente de Paille à Bordeaux, est encore plus direct : « Il avait, paraît-il, un joueur de trop en attaque. Il ne l'a plus. A lui de se démerder.
Il n'a plus d'excuses. »
Plus d'excuses et plus de forces. Match nul à domicile contre Mulhouse, défaite à Bordeaux.

L'infernale spirale. Mézy, assassin : « Il y a des anomalies visibles à l'œil nu. » Nicollin, excédé : « Il va falloir que je fasse sauter le couvercle. » Jacquet, accablé : « Je suis dérouté. Les revers me blessent, mais ils ne me balayent pas. »
Oh ! que si. Les coups de balai, c'est justement la spécialité de Nicollin. Une victoire juste avant la trêve contre le Paris SG. retarde l'échéance. Jacquet dresse déjà son bilan : « 1989 aura été une mauvaise année. J'avais l'image d'un entraîneur qui réussit. Elle s'est effritée. Mais j'ai la conscience tranquille. J'ai tout essayé. »
C'est une défaite à Lyon, en février 1990, qui scellera le destin de cet homme sans défense. « J'étais dans une rage folle à la fin du match, dira Nicollin. Aimé, lui, était imperturbable. »
Pas imperturbable, non, mais absent ; ailleurs. Débranché des réalités qui ne le dévorent plus ; qui le dépassent. Georges Frèche, maire de Montpellier, prononce, début mars, l'oraison funèbre : « A un moment, une équipe a besoin du cri du kamikaze, du haka des Néo-Zélandais. Quand j'ai rencontré Jacquet, je l'ai senti blessé quelque part. Secrètement. Et cette blessure, il a continué de la porter. »
Aimé le mal-aimé n'a jamais cessé de hurler. Dans le désert. Avec son cœur, avec ses tripes. Dans l'univers bruyant, agité, inhumain, qui était le sien, personne, à cet instant, ne pouvait l'entendre, personne à cet instant, ne pouvait le sauver.
Son histoire aurait pu s'arrêter là, au fond d'un ravin. C'est l'honneur du sélectionneur de l'équipe de France, Michel Platini, d'avoir entendu ses muettes plaintes, et de l'en avoir extirpé. Jacquet à Nancy, alors qu'on le croyait parti pour le cimetière des entraîneurs, c'est un divin étonnement, et un retour aux sources, au cœur d'un microcosme semblable à celui de ses débuts lyonnais, quand quelques échecs ne méritaient pas un coup de poignard.
Oublier ? Impossible. Réapprendre à vivre ? Oui. « D'avoir été contacté fut pour moi une surprise », commença-t-il par affirmer, comme s'il s'était cru perdu. Il ajouta : « Je suis heureux de revenir ; en espérant travailler dans la sérénité. » Beaucoup plus qu'un désir, une poignante prière.
Protégé, entouré, épargné, Aimé sème dans cette Lorraine qui connaît le prix de l'effort et lui ressemble en tous points. Cette résurgence de la simplicité est la meilleure des thérapies. Aimé redécouvre l'amour. Il se nourrit à nouveau de cette passion pour un métier dont quelques goujats irrespectueux étaient presque parvenus à le dégoûter.

NOUVEAU DÉPART A NANCY
Réapprendre à vivre

BOLI ET VAHIRUA
Les Bleus dans le désert

36.15 Le pied

De ses débuts lorrains, Michel Platini avait conservé une valeur forte qui s'était affirmée au fil des matches, des voyages, des aventures communes, des fous rires avec « La Rouille » (Olivier Rouyer) ou des paris avec « Moumoute » (Jean-Michel Moutier). Quand un verre était au bout d'un coup franc, réussi ou manqué.
Cette valeur s'appelait l'amitié. Elle transformait les coéquipiers en complices, balayait barrières, frontières et contribuait bien souvent à en faire autant des adversaires.
En pleine période de reconstruction, la recherche de cette complicité avait donc poussé le sélectionneur à proposer une tournée. « Il faut que les gars se forgent des souvenirs communs, qu'ils prennent du plaisir à vivre ensemble, à se retrouver, qu'ils sentent que c'est leur truc, leur groupe, leur avenir. »
Platini avait aussitôt pensé au Koweït, richissime pays du golfe Persique, ni trop éloigné, ni trop chaud en janvier, mais dépaysant et, surtout, demandeur. Par la volonté d'un seul homme, qui avait pourtant réussi à être détesté de toute la France en un geste, deux regards, quelques secondes.

FERRERI FACE AU KOWEIT
Un succès difficile

BUT D'ÉRIC CANTONA
Brehme archi-battu

Souvenez-vous. Cela se passait le 21 juin 1982, à Valladolid. Un lundi. C'était le jour de France-Koweit. C'était l'anniversaire de Platini. Ç'avait été la fête d'un arbitre soviétique, Miroslav Stupar, ensuite suspendu par la FIFA.
Vêtu de sa tenue traditionnelle, le cheikh Fahd Al-Ahmed Al-Sabah avait effectué une entrée tonitruante dans le football mondial en même temps que sur la pelouse, pour faire annuler un but d'Alain Giresse, d'abord accordé, à la grande fureur de Michel Hidalgo.
De cet énorme malentendu était pourtant née une amitié réelle, profonde, durable. Devenu par la suite un dirigeant influent du sport mondial, le cheikh avait multiplié les marques de sympathie à l'égard de la France, d'Hidalgo et surtout de Platini, assistant notamment à son jubilé, puis l'invitant à la Coupe d'Asie ou aux jeux de l'Amitié et de la Paix.
Sous l'impulsion du cheikh - disparu tragiquement depuis en défendant l'Émirat - ce pays grand comme trois départements français s'était donc mis en quatre pour recevoir les Bleus, laissant toutes ses installations à disposition, et invitant même la RDA, pour leur offrir un autre sparring-partner.
Banco. L'équipe de France commencerait donc les années 90 au bord du Golfe, avec deux matches internationaux au programme, contre le Koweït et la RDA, plus un lever de rideau devant Al Qadisiya, club de la capitale.Platini avait, pour l'occasion, retenu dix-huit joueurs. Les seize de l'automne, moins Bats, plus Dib et deux nouveaux. Un miraculé, et un oiseau rare.
Le miraculé se nommait Rémi Garde. Il avait déjà été appelé en cours de stage, deux mois plus tôt, sans jouer. Un soir, il avait oublié ses clés au siège de l'Olympique Lyonnais. En allant les rechercher, il avait trouvé celles de l'équipe de France, la grande, la vraie. Lui qui n'avait jamais été retenu dans la moindre sélection...
Bernard Lacombe le cherchait partout pour lui annoncer la nouvelle. Ce qu'il fit donc au siège, où Rémi en tomba assis. Avant d'aller fêter ça au café-théâtre, devant Romain Bouteille. Qu'importe le flacon...
Garde était considéré comme un miraculé, car il avait dû arrêter le foot entre 18 et 20 ans, en raison d'une rupture du ligament croisé antérieur à un genou, puis à l'autre, reprenant même le chemin de la fac.
Ces deux blessures, graves, avaient failli le priver à tout jamais de voyage en ballon. Mais il était revenu, fort, jusqu'à réunir enfin ses deux passions, football et découverte.
L'oiseau rare ?
C'était un oiseau des îles, qui volait de cage en cage sur son aile, gauche mais pas maladroite.
Il s'appelait Pascal Vahirua, et avait grandi à Mataeia, village polynésien où l'océan lèche les pieds des cocotiers.
Le soleil, la plage et le foot y étaient sa vie. « C'était le paradis, c'était Tahiti. Aujourd'hui, je serais sûrement pêcheur si je n'étais pas parti. Je jouerais avec mon frère, dans l'équipe des PTT... »
Un beau jour, Guy Roux passa toutefois par là et repéra l'oiseau. « Je marchais alors super bien.
A 16 ans, j'étais le deuxième buteur de l'île.
Je tournais comme un avion. » Pascal se retrouva aussitôt dans celui pour Paris, sans bien réaliser.
Il devait partir un mois, mais ne revint pas avant deux ans. La partie était déjà gagnée...
Très en vue avec Auxerre, Vahirua avait donc reçu, comme Garde, un bristol bleu en guise de cadeau de Noël. Un bristol signé Platini, qui le désignait premier Tahitien de l'histoire retenu en sélection.
Les deux petits nouveaux étaient bien sûr les deux attractions du match contre Al Qadisiya. Avant, et pendant.
Le Lyonnais ouvrait la marque, d'une belle volée de 22 mètres, et l'Auxerrois fermait le ban, au bout d'une superbe action : contrôle orienté, accélération et fixation impeccable du gardien. Le bouquet final d'un match où sa vitesse de course, ses débordements avaient fait merveille.
Entre-temps, Cantona avait marqué sur penalty, le résultat (3-0) reflétant à peine la différence de niveau entre les deux équipes.
La deuxième rencontre n'était, hélas ! pas empreinte de la même fantaisie. Même si elle marquait les débuts d'un autre petit nouveau.
Ou plutôt d'un grand: le gardien sochalien Gilles Rousset, 1,95 m sous la toise, un diamant à l'oreille gauche, et des maillots toujours gris ou verts. « Au club, ce sont les seuls à ma taille... »
Rousset voyait toujours les choses de haut, question de gabarit. Mais, face au Koweït, ça volait plutôt bas.
Bonjour les chevilles, et au revoir le spectacle.
« Un match piège », résumait Platini.
« Un coupe-gorge », renchérissait Pardo.

Parlez-en à Papin, le plus noir de cette tournée : il était arrivé au Koweït sur des béquilles, cheville gauche touchée. Il s'en repartait avec une fracture du nez, souvenir d'un engagement furieux. Le tout pour une demi-heure passée sur le terrain...
Sur la fin, Blanc délivrait néanmoins les Bleus (pâles), de la tête, après une belle inspiration de Ferreri (1-0). « Dans ces coups-là, tu n'as rien à gagner, sauf le match », notait Platini.
C'était toujours ça de réussi.
Dès le lendemain, une grande balade dans le désert se chargeait d'effacer le brouillon du stade Kazma. Avec, entre autres instantanés, la vision unique d'un Nicollin effrayé montant à dos de chameau. L'imposant Loulou s'en souvient encore. L'animal aussi.
Le troisième match face aux Allemands de l'Est rendait totalement aux Français cette confiance un instant ébranlée. Un match propre, enlevé, positif, dirigé de pied(s) de maître par un certain Cantona. En deux buts, deux poteaux et une présence de tous les instants, Canto s'affirmait un peu plus comme un grand leader d'attaque, et symbolisait parfaitement une phalange avide de vaincre et de convaincre.
Deschamps y allait aussi de son but, dans un final à sens unique. Ce n'était que la RDA. Mais, au bout de la tournée, Platini sentait encore une avancée. « Mon message passe. Les joueurs se connaissent mieux, se parlent. Ils ont maintenant un langage, commun. C'est devenu leur équipe ».
Vrai. Cette équipe existait. On l'avait rencontrée, de Malmö à Koweït City. Et elle avait mûri.
Maintenant, elle pouvait prendre l'Allemagne. L'autre...

*
* *

« Vous voulez être champions du monde ? Alors perdez, prenez-en deux, et l'affaire sera dans le sac. Chez nous, c'est le tarif! » En ce 28 février languedocien, venteux mais doux, Platini avait croisé son homologue et ami Franz Beckenbauer. Et la boutade lui était montée au nez, qu'il a creux. Platini avait en effet ressorti quelques précédents de l'armoire aux souvenirs. Début 1982, l'Italie avait perdu 2-0 contre la France, avant d'être couronnée. Début 1986, c'est l'Argentine qui s'était pris les pieds dans le tapis du Parc (2-0), avant d'être sacrée à Mexico. Jamais deux sans trois? Maintenant, on sait...
Au-delà de cette pirouette, dont Platini est coutumier, le match de Montpellier revêtait une importance primordiale. Pour les Bleus, éliminés du Mondiale, c'était même le sommet de la saison. Un test, un match de référence, un révélateur, au terme duquel on allait tout savoir.
Depuis longtemps, cette date avait été soulignée de rouge. Car, malgré les résultats de l'automne, malgré une tournée dans le bon sens, seule une confrontation de ce niveau pouvait donner la mesure des progrès accomplis.
Des deux côtés, ce match n'avait d'ailleurs d'amical que l'étiquette. Les Allemands n'étaient pas venus place de la Comédie pour la jouer. Il y avait des places à prendre, un Mondiale à préparer, et surtout une invincibilité à préserver.
Voilà en effet deux ans que l'aigle allemand n'avait plus touché terre. Depuis cette finale de l'Euro 88, douloureusement perdue face aux Pays-Bas, à Hambourg. Deux ans sans défaite. Deux ans qui avaient transformé les présomptions en certitude : cette Allemagne-là était forte, très forte.
A la Mosson, tous les meilleurs étaient là, du gardien Illgner au redoutable Klinsmann, en passant par Berthold, Augenthaler, Brehme, Haessler, Matthaeus, Bein, Riedle et Littbarski. Seul Voeller, légèrement blessé, manquait à l'appel. Platini, lui, avait rappelé tous les « Koweïtiens ». Tous, sauf Sylvester et Dib, pour que les dix-huit fassent seize. Depuis le début de saison, il avait décidé de miser sur la longueur, la continuité, de renforcer expérience et cohésion. Ce n'était évidemment pas le moment de changer.
A la veille du match, pourtant, l'inflammation sournoise d'une cheville marseillaise remettait ses plans en cause. Franck Sauzée, l'un de ses hommes de base, devenait très incertain. C'était mardi gras, et Platini avait le masque.
Vingt-quatre heures et un essai plus tard, c'était mercredi gris pour Franck Sauzée, qui devait renoncer, juste avant la rencontre. Mais à quelque

MATTHAEUS, AVEC DESCHAMPS
La seule défaite de l'Allemagne

LUIS FERNANDEZ EN HONGRIE
Après deux ans d'absence

chose, malheur est parfois bon. On l'allait vérifier... Dans l'adversité, les Bleus faisaient preuve d'une volonté, d'une abnégation, d'une solidarité formidables. En première période, leur engagement était total. Les Allemands mettaient trente-six minutes pour desserrer l'étreinte... et ouvrir la marque sur leur première occasion franche : un débordement de Berthold, côté droit, et une imparable tête de Voeller.

La France ne méritait pas ça. Mais beaucoup plus l'égalisation qui suivit, signée Papin d'un tir puissant du droit, plein cadre.

Pourtant, les coups durs n'épargnaient pas les Bleus, qui consommaient la bagatelle de quatre libéros dans la journée. Sauzée, d'abord, forfait peu après 19 heures. Boli, ensuite, qui devait sortir à la 48e minute pour une douleur au ménisque. Blanc, encore lancé au cœur de la défense bleue, mais vite convié à remonter d'un cran après une toile et quelques courants d'air. Garde, enfin, qui terminait le match en couverture...

C'était fou. C'était flou, aussi, lors d'une seconde période où les Français étaient par trop désorganisés pour s'imposer, avant de se reprendre pour un épatant final. Mais ces flottements de la défense avaient le mérite de projeter un homme en pleine lumière. A savoir Bruno Martini, qui réalisait deux fantastiques interventions devant Voeller puis Klinsmann.

Le final était à la hauteur de cette formidable dramatique. L'entrée en jeu de Vahirua, un homme frais, faisait basculer la rencontre côté français. L'oiseau des îles s'envolait sur son aile gauche, bien sûr, et centrait pour Cantona. Tête, but, confirmation, triomphe. En ce mercredi des cendres, la flamme ne s'était pas éteinte.

« C'est la victoire du cœur, exultait Platini. La technique était plutôt allemande, mais la volonté était formidablement française. En match de compétition, nous n'aurions pas donné plus. J'ai cru revivre Séville ou Guadalajara, mais à l'envers. Comme si les rôles étaient inversés. »

L'Europe du foot – le match était télévisé en RFA, en Italie et aux Pays-Bas, notamment – découvrait les nouveaux Bleus. De chauffe. Les Allemands, eux, s'en retournaient battus. Ils en avaient pris deux. Chouette, ils seraient champions du monde...

*
* *

Pour boucler la saison en beauté, restait un match, un seul, en Hongrie. Un rendez-vous prévu de

CANTONA A BUDAPEST
Encore un doublé

longue date, mais qui n'en déclenchait pas moins une polémique ridicule, entre deux tours de Coupe d'Europe.
Platini pensait intérêt supérieur du football, et s'engageait à ne pas retenir d'internationaux qualifiés, marseillais, pour la plupart. Claude Bez pensait aussitôt Tapie, et déversait son fiel sur le télex de la Fédé. « Il ne s'agit plus d'une équipe de France mais d'une sélection C'. Je demande donc, pour les clubs, la liberté de refuser cette prétendue sélection, ce simulacre. C'est tout le monde ou personne... »
Au bout d'une peu glorieuse guéguerre, Tapie débloquait finalement la situation en remettant quelques joueurs à disposition. Platini prenait alors deux Marseillais (Sauzée, Amoros), trois Bordelais, mais rappelait aussi Luis Fernandez après deux ans d'absence, et sélectionnait pour la première fois Tibeuf et Divert.
Les absents, eux, avaient tort. Comme toujours. Car, dans l'immense vaisseau du Nepstadion, aux trois quarts vide, les Bleus se jouaient joliment de modestes Hongrois.
Une dizaine d'occasions et trois buts ponctuaient une domination jamais démentie, si ce n'est pendant dix minutes, avant la pause, Pinter en profitant pour sauver l'honneur, sur penalty, après une faute (?) de l'Auxerrois Martini sur l'Auxerrois Kovacs.
Si, si...
A Budapest, où la France n'avait jamais gagné, Cantona était à nouveau le détonateur de cette explosion de joie. Il marquait deux fois, élevant son total à huit buts en huit matches depuis Malmö.
Avec le bel Canto, qui faisait désormais rêver l'Italie, l'équipe de France rentrait même dans les annales : pour la première fois depuis trente et un ans, elle terminait la saison invaincue...
« Le foot, c'est d'abord le terrain, le jeu, rappelait Platini, en passant. Aujourd'hui, on a donné du plaisir à des millions de jeunes, qui se fichent pas mal des déclarations balancées par deux présidents de clubs dans les journaux ou sur les téléscripteurs. »
Oui, le foot, c'était ça. Des joueurs pour qui chaque match était une fête, une équipe de France qui faisait de nouveau rêver. Parole de Sauzée, dernier buteur à Budapest : « A chaque sélection, je branche mon Minitel avec un petit battement au cœur. Et à chaque fois, je suis fou de joie quand je découvre mon nom. » 36 15, code foot. Le pied.

Du mistral dans le yaourt

Le tirage au sort des quarts de finale des Coupes d'Europe a laissé les Marseillais le cœur léger au moment de décorer les sapins.
Le Sredets de Sofia, après Brondby et l'AEK Athènes, cela s'appelle du bol. Avec, en prime, le match retour à domicile, le chemin de l'OM est semé de pétales de roses. Les Bulgares ont intérêt à être forts. Le sont-ils, d'ailleurs ? Nul ne le sait. A Marseille, personne ne connaît cette équipe, ce football, ce pays. L'Est est certes à la mode, mais la révolution tranquille de Sofia se déroule à l'ombre des événements émouvants de RDA, sidérants de Tchécoslovaquie, dramatiques de Roumanie.
Gérard Gili, qui a tout compris, souligne qu'un bon tirage est important : « L'équipe qui enlève la C1 n'est pas forcément la meilleure ; c'est seulement celle qui a su le mieux se débrouiller avec un tirage imposé. »
Les Marseillais affichent leur confiance. « La porte est entrouverte. Il ne faut pas la laisser se refermer », clame Papin, et Sauzée reconnaît : « Sofia faisait partie des équipes que nous souhaitions affronter. » A vrai dire, personne n'écoute Gaétan Huard quand il joue les rabat-joie en affirmant : « Sofia a peut-être une équipe pour gagner la Coupe d'Europe. Comment savoir ? »
L'équipe que l'OM affronte n'est autre que l'ancien et futur CSKA, qui a déjà retrouvé chez lui un nom perdu quelques années auparavant, à la suite de certaines affaires douteuses. Le CSKA, équipe de l'armée, c'est d'abord vingt-cinq titres en quarante ans et onze doublés. Puis deux demi-finales européennes dont une l'année précédente contre Barcelone. Et aussi dix internationaux A.
Sredets, c'est enfin un meneur de jeu gaucher de 24 ans, nommé Christo Stoichkov. Pour 24 millions de francs – ce qui fait quand même un peu plus qu'un demi-Waddle –, il a déjà donné son accord à Barcelone, auquel il a inscrit trois buts en deux rencontres quelques mois plus tôt.
Stoichkov a oublié d'être modeste : « Si quelque chose m'a été donné par Dieu, c'est ma rapidité et mon aisance pour tout réussir du pied gauche. Si j'avais joué à l'OM, il se serait qualifié. Là, ce sera Sofia. »
Mal inspiré par le Seigneur, Christo a la vision troublée. L'OM va passer les doigts dans le nez.

FRANCK SAUZÉE FRANCHIT L'OBSTACLE
Absent à l'aller, très présent au retour

Le match aller lui suffit pour brasser le yaourt du coin. En l'absence de Sauzée blessé, Gili a préparé une surprise. Le dénommé Éric Mura, bien connu de ses parents et de ses amis, a la charge d'escorter Stoichkov partout où il ira. Mura a 23 ans. Il dispute son premier match de la saison. Il ne débute pas pour autant en Coupe d'Europe. En 1988, on l'avait vu pendant vingt minutes lors de la demi-finale contre l'Ajax. « Quand j'ai découvert Stoichkov, j'ai tout de suite pensé à Mura, dira l'intuitif Gili. Je me fie souvent à ma première impression. J'anticipe les matches. Les qualités d'Éric, vitesse, anticipation, annulent celles du Bulgare. »
A ce niveau-là, c'est de la voyance. Stoichkov ne voit pas le ballon. Mura l'écœure. Et l'OM, qui a

WADDLE CONTRE LES BULGARES DE SOFIA
Une affaire vite pliée

décidé d'être prudent en titularisant Germain à la place de Francescoli, tient constamment la barre du match ; 14 tirs dont 9 cadrés, quand les Bulgares ne frappent que 7 fois dont une seulement dans le cadre.
Papin se crée coup sur coup trois occasions aux alentours de la demi-heure de jeu. Ce soir, il ne marquera pas. Mais il va faire marquer.
A 12 minutes de la fin, Carlos Mozer se blesse. Heureuse blessure. C'est Philippe Thys qui le remplace. A 30 ans, il débute en Coupe d'Europe. Normal. Il porte un nom qui suggère la patience ; qui évoque Pénélope. Il tisse sa carrière obstinément, sans faire de vagues, malheureux de faire banquette plus souvent qu'à son tour, fou de joie quand on le sollicite.
Pour Thys ce soir-là, le bonheur est dans le pré. Il court vite pour ne pas le laisser filer, à cinq minutes de la fin, quand Papin le propulse sur la droite de terrain : « Je me suis retrouvé excentré dans une position idéale. Tout le monde s'attendait à un centre. Moi aussi peut-être, au départ. Mais quand j'ai vu qu'il y avait trop de monde, j'ai frappé comme un sourd. »
Le résultat est aveuglant. Il laisse le public muet. La balle s'engouffre sous la barre transversale. Tous les choix de Gili, tactiques ou humains, se sont avérés excellents. Gaétan Huard est ébloui par la performance de ses camarades : « On devrait toujours jouer comme ça. C'est super. En championnat, on a une équipe pour marquer ; mais moi, ça ne me fait pas marrer d'aller chercher le ballon au fond de mes filets. »
Le malheureux ignore encore que ce genre de mésaventure peut être aussi un petit bonheur. Il ne se courbera plus qu'une fois au fond de ses filets pour ramasser un ballon. A Ajaccio, en Coupe de France. Le but suivant sera son calvaire.
Car le match retour, qui ne devait être qu'une fête, s'achève sur un drame. L'OM, qui a fait cavalier seul, mène 3-0. En une demi-heure, Waddle sur coup franc (24e) et Papin, à la réception d'un centre mirobolant « made in Waddle » (27e), ont plié l'affaire. Sauzée s'est fait plaisir en y allant de sa réussite, d'un tir en force, en seconde période.
Voici la 83e minute, dont on ignore encore que pour l'OM, elle sent le soufre. Le Sredets attaque. Ouroukov arrive seul devant Huard qui sort à la vitesse d'un missile sol-sol, percutant le Bulgare, qui marque tout de même, et son camarade Mura qui le blesse malencontreusement. Double fracture tibia-péroné. Civière, larmes, désespoir, fin d'un rêve. La saison de Huard est terminée. Sa carrière marseillaise s'arrête net. Brisé, il se retrouve en

même temps accusé. De sortie intempestive. De prise de risque inconsidérée. Reproches imbéciles qui tendraient à laisser croire qu'il y a des ballons qu'il faut laisser entrer.
En attendant, Jean Castaneda remonte en scène. La qualification pour les demi-finales est acquise. L'OM est la dixième équipe française à atteindre ce niveau. Pourtant, cette fin tragique génère des prolongements tortueux et douloureux.
Le lendemain, l'ancien Stéphanois affirme : « J'ai bien observé la réaction des gens du club. Ils n'ont pas peur. Personne ne s'est inquiété de me voir jouer ces matches décisifs. « T'aurais 20 ans, m'a dit Gili, je serais très inquiet ; là, je suis sûr que tout va bien se passer. »
Le club marseillais a tellement confiance en Castaneda que, tandis que celui-ci confie ses espoirs, il demande une dérogation à l'UEFA pour embaucher un nouveau gardien. La dérogation est refusée. Mais l'effet est déplorable sur Castaneda, que l'on trouve tellement bon qu'on cherche, vite fait bien fait, à le remplacer.
Deux jours plus tard, à Brest, dans l'entame d'un match de chiffonniers enlevé par les Bretons, Casta commet l'irréparable. Le premier but qu'il encaisse est irréel ; une pure monstruosité que l'on ne tolérerait pas d'un minime. Sur une frappe sans danger de Cabanas, le ballon glisse entre ses gants et atterrit dans le but. Casta touche au port de l'angoisse. Plus personne ne lui fait confiance. Ni lui, ni ses équipiers, ni son entraîneur, ni son président. Il est condamné, n'obtenant le sursis que pour la Coupe d'Europe par la grâce du règlement. Le lundi, Gili déclare hypocritement, ce qui ne lui ressemble pas : « Nous cherchons une doublure à Castaneda pour le championnat et la Coupe ; mais ce n'est pas évident, car celui qui viendra aura très peu de chances de jouer. Nous n'allons prendre quelqu'un que pour faire face à une éventuelle indisponibilité de Castaneda. »
C'est tellement peu évident à trouver que dès le lendemain, Pascal Rousseau, en rupture de Laval, signe à l'OM. Alors que Benfica pointe à l'horizon, l'affaire Castaneda ne fait que commencer...

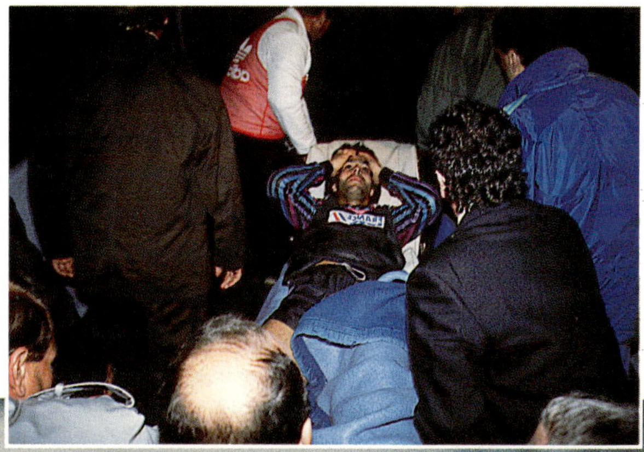

GAÉTAN HUARD : DRAME EN DIRECT
Papin, gardien de fortune

Les princes aux petits pieds

Entre Monaco et l'Europe, le malentendu a toujours été total. L'ambiance et le climat émollients du Rocher cadrent apparemment mal avec des joutes qui nécessitent une certaine dose de férocité.

L'histoire du club est pleine de ces revers accablants, quand ils ne sont pas franchement humiliants. Le dernier souvenir en date en est l'illustration parfaite. L'ASM s'est pris les pieds dans un tapis turc sur lequel n'importe quel grand d'Europe se serait consciencieusement essuyé les semelles.

Engagé en Coupe des Coupes, Monaco affiche comme d'habitude de réelles ambitions. Au mois d'août, l'Argentin Ramon Diaz a débarqué, en provenance d'Italie. L'ancien pote de Maradona, avec lequel il s'est brouillé, ce qui le prive de sélection, a joué à Naples, à Avellino, à l'Inter, à la Fiorentina. Il a marqué cinquante-six buts dans le calcio.

« Je voulais soit Diaz, soit Allofs », affirme Wenger. Le voilà servi. Luc Sonor ajoute : « Ce n'est pas un pied gauche qu'il a, c'est une main. » A l'époque, il était encore possible de plaisanter avec ces choses-là sur les bords de la Grande Bleue. Hélas ! quinze jours après l'arrivée de l'Argentin, Glenn Hoddle, le meneur de jeu anglais en céramique, est de nouveau opéré du genou. Désormais et jusqu'à la fin de la saison, le bel Arsène va vivre avec un œil sur le terrain et un autre sur l'infirmerie. Sans son meneur de jeu, Monaco manque singulièrement d'inspiration.

Au premier tour, le sort a été clément. Belenenses, ce n'est pas grand-chose au Portugal, donc presque rien dans l'absolu. La forte colonie bulgare qui s'y est réfugiée ne peut véritablement inverser cette tendance. Mladenov entraîne, Mikhailov garde les buts, Sadkov mène le jeu et « Monacov » se qualifie. Sans douleur.

Au match aller, marqué par les débuts impromptus au poste de libero d'un dénommé Emmanuel Petit, 18 ans, appelé à grandir au fil des mois, Diaz, d'un coup franc, évidemment, du pied gauche, évidemment, répond à la 69e minute au but inscrit par Chiquinho un quart d'heure plus tôt. Son coup réussi, il affirme : « Nous en marquerons trois sans problème au retour. »

Contrat rempli, grâce à Georges Weah, le Libérien libérateur, jambes d'acier et moteur turbo, la force qui va dans toute sa splendeur. Il inscrit les deux premiers buts ; il offre le troisième à Fabrice Mège.

Place au Dynamo de Berlin, ce qui est déjà une autre paire de manches, s'agissant d'une formation qui a tout de même été championne dix

FERRATGE FACE A RUDWALEIT
L'Europe, c'est géant ...

fois consécutives entre 1978 et 1988, à une époque où, il est vrai, mieux valait en RDA la laisser passer devant.
Dynamo, c'est le club du ministre de la Sécurité, Erich Mielke, 81 ans et beaucoup d'horreurs dans son passé ; c'est le club de la Stasi, les trop fameux policiers en civil. C'est, du coup, un club privé de soutien populaire, dans un pays qui marche avec fierté vers sa liberté. En résumé, Dynamo est bon à prendre.
« On aurait pu tomber plus mal », dit d'ailleurs Wenger, en spécialiste de géopolitique. A vrai dire, les seuls qui vont très mal tomber sont Weah et Diaz, obligés de rejoindre Hoddle sur la touche, à la

LES PENALTIES DE VALLADOLID
Ettori, l'invulnérable

GEORGE WEAH, ACROBATE ET FÉLIN
Dans la lignée des grands

mi-temps du match aller. Entorse du genou pour l'un, adducteurs sifflants pour l'autre. Hateley et Touré, qui les remplacent, ne les font pas oublier. Résultat, 0-0 au bout d'une très mauvaise prestation et une pelouse en accusation. « Elle est lamentable », se lamente Wenger. Victime d'une erreur de conception, la verte couverture ne peut guère offrir plus que ce qu'elle est : une suite de trous et d'escalopes.

Tout reste à faire à Berlin, le long d'un mur qui s'effrite. Sur un terrain en bon état, Monaco, après un démarrage difficile, augmente peu à peu le rythme, se créant six franches occasions dans la dernière demi-heure. Sans en concrétiser aucune. Prolongation. La balle est toujours monégasque. Jusqu'à ce que Doll s'en empare, qu'il slalome entre les Rouge et Blanc, qu'il transmette à Küttner qui marque (110e). Ah, les jolies conclusions qui s'ébauchent ! Comme toujours. Le mal français. Il reste deux minutes. Et Diaz marque. Sur coup franc ; évidemment. Du pied gauche ; évidemment. « Quand l'arbitre a sifflé, j'ai dit : "laissez-moi faire" », racontera l'Argentin. Son tir de 25 mètres est superbe. Une de ces frappes qui font les héros en même temps que les zéros sur les comptes en banque.

Douce est l'entrée dans la nouvelle année. Monaco s'est vu attribuer Valladolid l'Espagnol pour les quarts de finale. Encore moins fort que Galatasaray le maudit. Une occasion unique de conduire le club en demi-finale pour la première fois de son histoire.

En mars, Valladolid est 17e de son championnat et Monaco ressemble à un hôpital. Hoddle boite toujours. Hateley, Bijotat, Vogel, Guerit, Touré, Mendy, Sonor, Fofana, Weah ont, tour à tour, été blessés. A peine retapé, le sombre Libérien, opéré du genou en octobre, effectue une rentrée tonitruante en championnat contre le Paris SG, cinq jours avant le match aller qui se déroule en Espagne.

Dans un stade que Jean-Luc Ettori connaît bien. C'est là qu'en 1982, l'équipe de France prit son envol en dépit de l'intervention intempestive d'un cheikh. Les Monégasques ont poussé la ressemblance jusqu'à loger à l'hôtel *El Montico,* où les Bleus avaient trouvé refuge.

Sur le terrain, en revanche, pas de confusion possible. Le match est minable. Pas la moindre véritable occasion. Une purge indigeste. « Dans le combat physique, Monaco a su répondre présent. C'est un résultat positif », commente Wenger à chaud. A froid, il retrouve sa lucidité : « Nous n'avons pas marqué de points auprès des téléspectateurs. Mes joueurs se sont enfermés dans une tactique stérile. »

Ramon Diaz, absent en Espagne, rentre quinze jours plus tard. On attend un festival des Monégasques. Erreur. Il vont jouer petit-pied,

RAMON DIAZ TIRE, MALGRÉ VIERCHOWOD
Un sacré derby

réservant aux pauvres téléspectateurs le même menu, avec, en prime, un digestif d'une demi-heure appelé prolongation. Ce quart de finale européen ressemble à la finale du tournoi de Trifouilly-les-Oies. Les buts en moins.
Unique conséquence positive, l'émotion de la séance de tirs au but, pendant laquelle le capitaine Jean-Luc Ettori fait la différence à lui tout seul. Il repousse celui de Jankovic : « Il fallait que j'arrête le premier. A partir de là, je me sentais invulnérable. » Il détourne sur le poteau celui de Moya : « Je savais où il allait tirer. Jean Petit, notre directeur sportif, l'avait vu en marquer un en championnat d'Espagne. » Il maîtrise celui d'Ayarza : « Maintenant, je crois que nous pouvons gagner la Coupe. »
Monaco n'a inscrit qu'un but au cours de ses quatre derniers matches. Il atteint pourtant son inaccessible paradis. Wenger reconnaît : « Sincèrement, je n'imaginais pas que nous ne trouverions pas la faille. Sans Hoddle, nous sommes moins brillants, moins créatifs. »
Hoddle. L'Arlésienne britannique n'aurait pas été de trop pour tenter de franchir l'obstacle suivant, qui se nomme Sampdoria de Gênes, finaliste de l'épreuve l'année précédente. Paolo Mantovoni, président du club, n'est pas un prince. Il n'empêche que sa fortune est immense. Elle lui permet de conserver dans son effectif les deux jumeaux de l'attaque, Mancini et Vialli, que toutes les grandes équipes de la péninsule aimeraient s'offrir. Gianluca Vialli est l'avant-centre de la Squadra Azzura. Mais Monaco est motivé. « A en croire les journaux italiens, affirme Luc Sonor révolté, on

dirait qu'il va y avoir un match entre des géants et des nains. »
Il y aura en tout cas un sacré derby entre deux villes distantes de 160 kilomètres. Le stade Louis-II est plein à craquer, grâce à la présence de 10 000 Génois.
Le duel est ardent ; la première mi-temps des Monégasques, remarquable. Weah est irrésistible. C'est lui qui ouvre le score de la tête à trois minutes du repos.
En seconde période, Monaco joue bien, mais sans retrouver son rythme effréné. Gênes ne se gêne plus pour pousser des pointes. En cinq minutes, le match explose.
Vialli, au contact avec Mendy, s'effondre dans un coin de la surface de réparation. L'Allemand de l'Est Kirchen siffle penalty (75e). Vialli marque. Et re-marque de la tête sur un centre de Mancini, dont les Monégasques se sont désintéressés (78e). Sur l'engagement, Fabrice Mège tire en force sur le dos de Diaz qui détourne involontairement ce ballon hors de portée de Pagliuca.
C'est l'Europe en folie, sur le terrain puis dans les vestiaires, car, les images télévisées le confirment, Mendy n'a pas touché Vialli. « Nous avons fait le match qu'il fallait. Mais il y a eu ce penalty imaginaire », dit Wenger, courroucé mais maître de lui, comme à l'ordinaire.
Roger Mendy est fou de rage : « Ce penalty bidon nous a tués. M. Kirchen est un âne. » Henri Biancheri, le directeur sportif, jette le bouchon un peu loin en hurlant : « Les arbitres de l'Est sont les plus faciles à corrompre. » Sur le même registre, Jean-Luc Ettori dépasse franchement les bornes, en jouant les Tapie : « Je me demande si à ce niveau-là, il n'y a pas un manque d'expérience de la part de l'ASM. » La déception pousse parfois à dire des bêtises. Vialli, cynique, se contente de déclarer : « Bien sûr que je l'ai cherché, ce penalty. Mendy est tombé dans le piège. »
Un piège qui se referme impitoyablement à Gênes. « Pendant les vingt premières minutes, la Sampdoria va essayer de faire la différence. Ensuite, elle se contentera de gérer ses acquis », avait prophétisé Wenger.
Avec justesse. Il ignorait simplement qu'au bout de vingt minutes Gênes mènerait déjà 2-0 grâce à une reprise à bout portant de Vierchowood, et à une frappe croisée de Lombardo. Monaco se créera de nombreuses occasions en seconde période. Toutes saccagées. Adieu veaux, vaches, cochons, couvée. Adieu finale. L'Italie et son réalisme sont décidément trop forts pour la France.

WEAH MONTE A L'ABORDAGE
La Samp a souffert

Jeux de mains

C'est une histoire de mains. Celles d'un gardien qui s'en servait très mal ; celle d'un joueur qui s'en servait trop bien. C'est une tragi-comédie, un conte mal ficelé, des comptes bien réglés. C'est la vie qui se fait chienne.

En demi-finale de la C1, l'OM évite Milan et le Bayern. Ainsi en a décidé une autre main, celle du dirigeant portugais Da Silva Resende, un homme dont on n'a pas fini de parler, patience, patience.

Les Marseillais joueront contre Benfica, cent soixante-quatorze matches européens en trente et une participations et six victoires lors des trois premiers tours dont la dernière 3-0, à Dniepropetrovsk, s'il vous plaît !

Pourtant, à côté des deux ogres, Benfica, avec sa paire de défenseurs brésiliens Ricardo et Adair, avec sa blondeur suédoise Erikson sur le banc, Magnusson et Thern sur le terrain, avec Valdo, un autre carioca, pour conduire le jeu, c'est presque une bénédiction.

« Il ne faut pas nous reprocher d'avoir de la chance, dit Gérard Gili. Dans la vie, il y a les"scoumounards" et les autres. » Réponse du senhor Joao Santos, président de Benfica : « L'OM a de grands joueurs mais ce n'est pas une grande équipe. » Le ton de la double confrontation est donné. Il ne cessera plus de monter.

Le Stade Vélodrome craque pour le match aller. L'entraîneur marseillais ne craque pas. Il garde pour lui et pour ses joueurs ses choix tactiques. Mais son souci numéro un, c'est son numéro 1, Jean Castaneda, encore sous le choc du but « casquette » encaissé à Brest.

« Sans le montrer, j'ai gambergé, reconnaît Casta. Ce but-là, c'est la pire des choses qui pouvait m'arriver. Ça m'a fait vraiment mal. »

Et il ajoute à propos de Pascal Rousseau, que l'OM vient d'engager pour le seconder : « Les choses sont très claires entre Pascal, moi et les dirigeants. Il ne jouera que si je me blesse. »

Une blessure n'est pas obligatoirement physique. Elle peut être morale. Casta est blessé. Il est plein de bleus à l'âme. Le doute le ronge. Gili le sait mais il n'a pas le choix. Rousseau n'est pas qualifié.

Le début du match confirme toutes les craintes rentrées. Castaneda joue la peur au ventre ; à contre-temps. Une sortie plus qu'hasardeuse provoque un corner. Sur celui-ci, pétrifié, il reste sur sa ligne. Lima marque de la tête (12e).

Une catastrophe.

Benfica domine. Le milieu de terrain marseillais composé de Germain, Tigana et Deschamps est entièrement axé sur la récupération. Il piétine.

PAPIN DÉBORDE VELOSO SANS PEINE
Incontournable, J.P.P.

Les relais avec les trois attaquants se font mal. C'est à l'arraché que Sauzée égalise sur une remise en retrait de Germain (16e). C'est sans l'avoir vraiment mérité que l'OM passe en tête juste avant le repos, par JPP l'incontournable. Bien lancé par Waddle, il lobe Silvinho du pied gauche.
Ce succès, Marseille va le justifier a posteriori. Curieusement, si la seconde mi-temps ne change rien au score, elle va bâtir la légende de l'OM. Jamais peut-être club français n'avait été autant dominateur à ce niveau de compétition. Toujours admirables, parfois sublimes, les Marseillais jouent au rouleau compresseur. Cinq fois au moins, on croit ce troisième but marqué.

WADDLE AU VÉLODROME
Une mi-temps sublime

Rien n'y fait, la chance est portugaise.
Eriksson le reconnaît et Diamantino avoue : « A un moment, j'ai cru que le score allait être tragique pour nous. » Gili, à la fois sous le charme et sous le choc, parle d'une seconde mi-temps remarquable. De ces occasions manquées qui seront peut-être réussies au retour. Il oublie que l'histoire ne repasse pas forcément les plats. « Ça passera ou ça cassera, mais nous ferons le même match à Lisbonne », jure-t-il. Pieux mensonge en vérité.
Le lendemain, l'euphorie est retombée. Et la guerre psychologique est déclarée. Le président portugais attaque au bazooka. Il laisse entendre que les Marseillais étaient dopés. Il ne s'arrêtera pas là.
Gili, pour sa part, se retrouve de nouveau confronté à son poignant problème de dernier rempart. Un comble pour un ancien gardien : « Notre problème est de savoir si Castaneda se laisse porter par l'événement ou s'il le subit. Le gardien est un homme seul. Il rayonne ou il ne rayonne pas. » Le soir même, il annonce que Rousseau jouera à Cannes en championnat le samedi suivant. Il annonce aussi qu'au stade de la Luz Castaneda pourrait bien s'effacer derrière Guillaume Warmuz, un moins de 20 ans qui ne se pose pas de questions métaphysiques sur la meilleure façon de sortir d'une cage sans se coincer les ailes.
Casta encaisse. Une fois de plus. « Je n'ai plus qu'un objectif : être prêt le 18 avril. Je vais me préparer comme jamais je ne l'ai fait. » Pour l'OM, la mobilisation est générale. La patrie est en danger.
La Fédération française prête l'un de ses cadres, Philippe Bergeroo, pour s'occuper personnellement de l'ancien Vert dont Gaétan Huard, indirectement à l'origine de cet hallucinant mélodrame, prend la défense : « C'est injuste ; on n'aurait jamais dû l'évincer. »
Tous ces soubresauts n'occultent pourtant pas la seule réalité du moment. Casta ou pas Casta, L'OM est trop fort pour Benfica. La presse spécialisée en rajoute, expliquant déjà pourquoi Marseille se hissera en finale. Avec au passage ce solide argument : « L'arbitre belge garantit une neutralité parfaite. Il est bien sous tous rapports et se présentera en pleine lumière sans casseroles aux fesses. » Malheureux présage...
Pendant ce temps, sur les bords de l'Atlantique, le président de Benfica, obstiné, continue son broyage mental en rouvrant un vieux dossier, celui du match aller : « Nous n'avions jamais été traités de la sorte. Le comportement social, civil et éthique de M. Tapie nous étonne beaucoup. C'est un homme sans éducation. » Une courte série de jabs au corps qui lui vaut en retour un solide crochet du droit au menton de la part du président marseillais : « Il paraît que le président de Benfica préfère inviter les arbitres seuls. C'est une autre façon de concevoir l'accueil. Nous, on reçoit tout le monde en même temps. » A force de tourner autour du pot, on finit parfois par tomber dedans.
La tension est terrible quand débute la seconde manche. Alors que les supporters provençaux ne sont pas à la fête, on comprend très vite que l'OM, qui le samedi précédent a culbuté Bordeaux en championnat, ne jouera pas la fleur au fusil. Foin des promesses. Sous les rafales agaçantes d'un vent tourbillonnant, l'affrontement est de taille et d'estoc. Benfica fait dans le petit jeu. A toi, à moi. L'OM s'arc-boute devant Castaneda, dont l'expérience a été préférée à l'innocence de Warmuz.
Le seul véritable danger provient d'une tête en retrait de Mozer, qui n'avait pas vu que son gardien, pour une fois, était sorti à la pêche au ballon. « Nous avions un but d'avance, dira Gili. Nous voulions priver les Portugais d'occasions. C'est ce qui est arrivé. Ils n'ont été dangereux que sur des coups de pied arrêtés. Contre Bordeaux, nous avions laissé des forces sur le plan nerveux. Mais, sincèrement, on n'a jamais été inquiets. »
Inquiets, jamais. Mais éliminés pour l'éternité dans une atmosphère de drame et de feu. Car Vata le remplaçant va marquer. A la 83e minute, maudite soit-elle. Sur un corner de Valdo prolongé par Magnusson. Oui, Vata va marquer. De l'avant-bras. Invisible en direct, le geste est incontestable, disséqué par le ralenti.

TIGANA FACE A CASTANEDA
Un gardien rongé par le doute

VATA, LES BRAS EN L'AIR
L'homme qui a mis la main...

VAN LANGENHOVE, L'ARBITRE BELGE
... l'homme qui ne l'a pas vue

VATA AU MICRO
On en parlera longtemps

Les hurlements des joueurs français n'y font rien. L'arbitre n'a rien vu. Bien placé, il était malgré tout gêné par un magma humain. Son juge de touche n'en a pas vu plus. Le but est accordé.
L'affaire secoue la France. Le Premier ministre, Michel Rocard, envoie une lettre à Bernard Tapie. « Je m'interroge sur les conditions de l'élimination qui m'a perturbé », écrit-il. Le président de l'OM est fataliste et provocateur : « C'est la défaite des dirigeants qui n'ont pas été à la hauteur de ceux de Benfica. Cela ne se passera plus jamais comme ça. »
Gérard Gili en rajoute : « J'ai vite eu un sentiment mitigé au sujet de l'arbitre. Dès le début du match, j'ai eu l'impression d'être sur un bateau emporté sur le courant en direction d'un écueil. »
L'OM demande l'ouverture d'une enquête, affirmant que « l'arbitre et le juge de touche étaient physiquement en situation de constater la faute de main ». Ce que nie avec raison Marcel Van Langenhove, l'épicier belge qui a vendu des nèfles aux Marseillais. Cruel, il déclare : « Ils ont eu quatre-vingt-dix minutes pour marquer. » Alexis

LE DUO BERNES - GILI
Marseillais effondrés

SAUZÉE A TERRE, AUX PIEDS DE MAGNUSSON, DEBOUT
Adieu, la finale...

Ponnet, ancien arbitre devenu instructeur à la FIFA, vole au secours de son compatriote : « L'OM est simplement et malheureusement victime d'un impondérable. » Ce qui situe la valeur de l'impondérable à quelques milliards de centimes. Le 28 mai, alors que Milan fête son nouveau titre, l'affaire fait mine de rebondir. Le senhor Da Silva Resende, tiens, le revoilà, membre du comité exécutif de l'UEFA, révèle qu'une commission d'enquête s'est mise au travail à la suite de la plainte de l'OM. Il parle de corruption d'arbitres. Des documents apparaissent dans la presse, bordereaux bancaires de virement sur des comptes en Suisse. Documents trop incomplets et imprécis pour constituer des preuves. M. Van Langenhove est innocenté.
Le match OM-Benfica est enfin terminé, laissant derrière lui des odeurs de cendre, beaucoup de regrets, et un pari perdu : celui de Bernard Tapie, qui devra patienter pour devenir le premier président français vainqueur d'une Coupe d'Europe.

MICHEL VAUTROT, LE GESTE AUTORITAIRE
Non au professionnalisme

ROBERT WURTZ, EXPLICATIF
Oui à la vidéo

La caméra invisible

En ce dimanche de juillet 1998, l'Allemagne, qui n'est plus depuis longtemps déjà la RFA, et la France s'apprêtent à disputer la finale de la seizième Coupe du Monde sur la pelouse du stade de Massy. Pour diriger la rencontre, la FIFA a désigné M. Pedro Vicario, un Argentin qui exerce depuis trois ans en Espagne, où son talent lui a permis de devenir le plus gros salaire de la profession. Le long des lignes de touche, il est assisté par le Belge Van Swift et le Suédois Carlson ; derrière les buts par le Camerounais N'Gong et le Japonais Takido. L'arbitre de régie est le Suisse Mermaz, qui « relira » sur ses écrans les actions litigieuses.
Dix caméras sont à sa disposition.
Quelques bribes de réalité se cachent peut-être dans cette fiction. Le 18 avril 1990, la main de Vata ne s'est pas seulement écrasée sur la figure de l'OM. Elle a également atteint de plein fouet la commission d'arbitrage de la FIFA. Celle-ci mène depuis plusieurs années un ensemble de réflexions sur l'amélioration de l'arbitrage ; le Mondiale va lui servir de vitrine, en même temps que de révélateur. C'est Joseph Blatter, un Suisse de 54 ans, secrétaire général de la FIFA, qui a décidé d'accélérer le mouvement. Il veut, d'un seul coup d'un seul, faire de l'arbitre, dont le rôle et le pouvoir n'ont guère évolué depuis le XIXe siècle, un homme du XXe siècle.
« Le seul non-professionnel du football, c'est l'arbitre. Quelle hérésie ! » clame Blatter. Tout le monde est d'accord : il faut aider les arbitres à s'améliorer. Mais lorsqu'il s'agit d'évoquer les décisions à prendre pour y parvenir, la cacophonie est générale.
Les éventuelles solutions sont connues : arbitrage professionnel, juges de touche spécialisés, multiplication des arbitres de champ, utilisation de la vidéo en cours de match. Elle ont chacune partisans et adversaires.
Robert Wurtz, ancien Nijinski des pelouses, qui a raccroché au printemps, a toujours milité pour le professionnalisme. Il ne parle pas sans savoir. Il a été professionnel au Mexique en 1971, pour onze matches de championnat : « J'ai pu me consacrer sans arrière-pensée à ma tâche. C'est appréciable. Le professionnalisme ne résoudra pas tous les problèmes, mais il faut en faire l'expérience. Je sais qu'il n'élimine pas le risque d'erreur. Mais peut-être le diminuera-t-il. Quand il s'agit de gagner sa vie, mieux vaut être à la hauteur. »
Michel Vautrot, un must en matière d'arbitrage, s'est, lui, toujours prononcé contre le professionnalisme : « Je n'aurais jamais accepté d'en faire mon métier. Ça m'amuse quand j'en entends parler. Je préfère ma paye de fonctionnaire et la liberté qui l'accompagne. Pour l'instant, nous n'avons ni structures ni statut juridique. Il faudrait peut-être déjà s'occuper de ça. Et puis comment regrouper les arbitres pour les préparer ? Comment assurer leur reconversion ? Comment accepter qu'ils soient jugés par des gens qui sont parties prenantes ? Que faire d'un arbitre dont certains clubs ne voudront plus ? Que faire pour qu'un arbitre ne cherche pas, même inconsciemment, à plaire aux grands clubs pour pouvoir les diriger ? Je pense qu'une situation intermédiaire entre ce qui existe aujourd'hui et ce que souhaite M. Blatter serait préférable. »
Mais Joseph Blatter est inébranlable : « Je n'ai pas encore réussi à convaincre totalement João Havelange, mais j'y parviendrai. La coupe du monde 1998 sera arbitrée par des professionnels. »
Dans ce domaine, certains pays ont pris les devants. En Italie, les arbitres seront professionnels à partir de 1993. C'est en tout cas ce qu'a décidé en avril 1990, après six mois de travail, une commission mise sur pied par la Fédération, à l'initiative de Giampiero Boniperti, président de la Juventus. Ses conclusions ont provoqué un joli

tollé parmi les hommes en noir, qui n'avaient pas été consultés ; sur les quarante-trois arbitres qui officient au plus haut niveau, quarante et un se sont immédiatement prononcés contre cette décision, accusant Joseph Blatter d'en être directement à l'origine. Luigi Agnolin, l'arbitre italien numéro 1, a été catégorique : « Le professionnalisme est un grave danger pour l'arbitrage. »

Le bras de fer est loin d'être terminé. Ce qui n'empêche pas les Espagnols et les Anglais de plancher eux aussi sur une professionnalisation de l'arbitrage. Si elle devenait effective, celle-ci ne transformerait guère le jeu lui-même. Au contraire de la multiplication des arbitres de champ et de l'adoption de la vidéo.

Ceux qui estiment que l'arbitre est trop livré à lui-même ne se lassent pas de procéder à des comparaisons. En basket et en handball, il y a deux arbitres de champ. Ils sont trois sur une patinoire de hockey et sept sur un terrain de football américain. Ceux-là oublient trop souvent qu'en football les arbitres sont trois et qu'ils pourraient être plus si d'aventure la proposition avancée par Guy Roux, après Benfica-OM, d'installer des juges de chaise légèrement surélevés derrière les buts, voyait le jour.

Sans aller jusque-là, Joseph Blatter veut absolument accroître le pouvoir des juges de touche. Après les avoir soumis à une formation différente et spécifique.

En revanche, pas question de passer à deux arbitres de champ. Ni la FIFA ni les arbitres, qui craignent une restriction de leur pouvoir, n'en ont envie. Une expérience de ce type a été tentée en championnat FSGT de la région Rhône-Alpes entre 1986 et 1988. Avec des résultats pourtant satisfaisants. Les arbitres, qui se partagent le terrain de part et d'autre de la ligne médiane, sont toujours au cœur de l'action. Et l'un d'eux est en permanence disponible pour surveiller le jeu de l'arrière, ce qui élimine les célèbres accrochages « dans le dos de l'arbitre ».

« Les sensibilités ne sont pas toujours les mêmes, dit Michel Vautrot, en adversaire de cette formule. Avec deux arbitres il risque d'y avoir distorsion dans les décisions. Et puis, la pénurie d'arbitres rendrait impossible l'application de ce système à tous les niveaux. Or, le football est un sport universel. Il doit être partout le même. »

C'est exactement sur cet argument de l'unicité du football que s'appuient les adversaires de la vidéo, dont Joseph Blatter le novateur fait curieusement partie : « Le football, affirme-t-il, n'est pas une discipline structurée comme l'ensemble des sports qui profitent de leurs nombreuses phases statiques pour faire appel à la vidéo et à l'électronique. Sa substance tient dans la continuité de son déroulement. »

Si révolution il y a, c'est de là qu'elle surgira. Tout le monde en a conscience, surtout depuis que Maradona (dont Vata n'est qu'un émule) a utilisé la main de Dieu en 1986 au Mexique. Le sifflet, les règles du jeu, les dimensions du terrain et les erreurs d'arbitrage existaient déjà en 1900.

Ce n'était évidemment pas le cas de la vidéo. Aux États-Unis, elle est utilisée en championnat pro de football américain depuis 1986.

Les propriétaires des clubs l'ont imposée.

Ils n'admettaient plus que les spectateurs, auxquels on repasse les actions sur des écrans géants, et les téléspectateurs soient les témoins privilégiés d'erreurs humaines qui risquaient de les indisposer. Pourtant, la vidéo est loin d'avoir réalisé l'unanimité dans un jeu pour lequel elle semblait avoir été conçue, puisque les arrêts l'emportent largement sur des actions qui ne durent jamais plus que quelques secondes.

L'*instant replay* qu'effectue un arbitre placé dans une cabine intervient uniquement sur des actions importantes. Mais, même s'il permet en moyenne de corriger quatre erreurs lors des douze matches que compte une journée, on lui reproche de casser le rythme de la rencontre, ce qui est presque un comble. Alors, on évoque régulièrement sa suppression, surtout depuis novembre 1987, lorsqu'un match entre les Cow Boys de Dallas et les Dauphins de Miami fut interrompu à dix-sept reprises. Depuis, l'arbitre de vidéo ne dispose plus que de deux minutes au maximum pour trancher.

La vidéo demeure, en fait, la pierre d'achoppement sur laquelle viennent buter arbitres et responsables de la FIFA. Lors du Mondiale, ces derniers ont interdit à la télévision italienne d'utiliser en cours de partie le système du *Tele Beam* qui, en liant l'informatique et l'électronique, fournit une lecture objective des situations douteuses, là où les ralentis télévisés ne donnent, paraît-il, qu'une vision subjective.

Une subjectivité parfois étonnamment objective. Le monde entier a vu la main de Maradona contre l'URSS ; le monde entier a vu que Khidiatouline n'était pas dans sa surface de réparation quand il a été sanctionné d'un penalty contre la Roumanie ; le monde entier a vu que M. Van Langenhove s'était trompé en signalant un hors-jeu pour faire annuler un but tchécoslovaque contre l'Italie ; le monde entier a vu que Schillaci méritait un penalty contre la Tchécoslovaquie au lieu du carton jaune qu'il récolta pour une prétendue simulation.

Le monde entier l'a vu ; cela n'a rien changé.

« Avec la vidéo, on reviendrait au foot à deux vitesses, estime Michel Vautrot, puisqu'elle serait réservée à l'élite des footballeurs. Ça ressemblerait à du foot, ça aurait l'odeur du foot, mais ce ne serait plus du foot. L'arbitre fait partie des lois du jeu. Il faut l'accepter comme tel. » Difficile à admettre quand entre une victoire et une défaite il

y a parfois plusieurs milliards de centimes d'écart. Michel Vautrot penche du côté du gouvernement du football. Sans être bien persuadé d'appartenir obligatoirement à la majorité. Il a beau prétendre qu'une caméra n'est pas complètement neutre, qu'elle peut offrir une présomption plus qu'une certitude, qu'il est impossible sur certaines actions de revenir en arrière pour reprendre le jeu, il rame à contre-courant d'une opinion publique lasse de certaines injustices. Robert Wurtz, qui voit bien toutes les difficultés réglementaires qui découleraient d'une introduction de la vidéo, reconnaît pour sa part : « La vidéo aiderait l'arbitre à ne plus être un homme seul. Elle le soulagerait. L'environnement du football a changé, la télé est une réalité ; les intérêts économiques en sont une autre. Il faut en tenir compte. »
Roger Bambuck, secrétaire d'État à la Jeunesse et aux Sports, est bien de cet avis. Très impliqué dans la vie du football français, il a demandé à la Fédération, après Benfica-OM, de se renseigner sur ce que coûterait l'installation d'un système vidéo dans les stades.
Peine perdue pour l'instant. Il est évidemment impossible à un affilié de se dresser contre la volonté de la FIFA. Même si la vidéo, sans avoir besoin de Vata, s'est déjà glissée insidieusement dans la vie du football pro. C'est au vu d'une cassette que la commission de discipline de la Ligue a suspendu pour deux mois le Cannois Dréossi, coupable le 9 février 1990 d'avoir fracturé la jambe du Stéphanois Guy Claveloux sur un tacle arrière. Dréossi pour ce geste avait écopé... d'un coup franc.
Ce qui avait provoqué la réaction suivante de la commission centrale d'arbitrage : « Si l'arbitre n'avait pas vu l'action, on pourrait envisager de suspendre Dréossi. Mais ce dernier ne risque rien, puisque l'arbitre a sifflé un coup franc, preuve qu'il avait bien vu la faute. »
La réaction de M. Jean Riolacci, président de la commission de discipline, ne se fit pas attendre : « Il était logique que la commission se substitue à l'autorité défaillante de l'arbitre. Il faut se faire à l'idée que la télévision sera là désormais pour magnifier les fautes. C'est une loupe que l'on ne peut ignorer. »
Alors, en ce dimanche de juillet 1998, l'équipe de France profitera-t-elle de la vidéo pour emporter face à l'Allemagne le titre de champion du monde ?

VÉRONE, PHASE SIGNIFICATIVE DU MONDIALE 90
Quand un gardien s'érige en juge de touche

Le dernier vol de l'aigle noir

On le surnommait « l'araignée. » Il portait la sombre parure de cet insecte ; comme l'araignée, il donnait souvent l'impression d'avoir plusieurs mains. La ressemblance s'arrêtait là. Lev Yachine était exactement le contraire d'une araignée. Parce qu'il avait décidé un jour de quitter l'entrelacs de fils devant lequel ses prédécesseurs vivaient adossés. Parce qu'il avait choisi de vivre au grand air. Parce qu'il volait, parce qu'il était léger et majestueux. Parce qu'il fondait somptueusement sur ses proies. En décembre 1989, il était venu à Paris pour ce qui devait être son dernier voyage. Cela faisait déjà longtemps qu'il remboursait sa dette à un corps qui lui avait jadis prêté tant de force et de grâce. Amputé d'une jambe depuis plusieurs années, il était maintenant rongé par le cancer de l'estomac qui allait l'abattre trois mois plus tard. A 60 ans, Yachine était un vieux monsieur qui n'avait plus à offrir que de merveilleux souvenirs et un pâle sourire dissimulant mal un masque de souffrance. *France Football* décernait son Super Ballon d'Or à Alfredo Di Stefano, autre prince des temps anciens, de temps mythiques auxquels il devait sûrement d'avoir devancé Johann Cruyff, Michel Platini et Franz Beckenbauer. Lev était là, avec dans sa poche, en guise de passeport, une photo jaunie de la remise de son Ballon d'Or. C'était en 1964 à Moscou, au stade Lénine, devant 100 000 spectateurs. Le Kremlin d'alors avait transformé l'événement en véritable fête patriotique. C'était il y a très longtemps ; comme dans une autre vie.
En cette veille de Noël, Yachine avait fait mourir de rire Belanov. Il avait dialogué avec Franz Beckenbauer, en s'aidant de ses mains qui ressemblaient toujours à des battoirs, à propos d'un but que le Kaiser lui avait inscrit en 1966 en Coupe du Monde. Il avait échangé quelques messes basses avec Platini. Il s'était rappelé, en l'apercevant, que le respectueux Eusebio s'était excusé après lui avoir marqué un penalty lors

LA FRANCE DÉCOUVRE LEV YACHINE
Le meilleur gardien du monde

A L'ENTRAÎNEMENT, EN OCTOBRE 1956
Il volait sur sa proie

de la même Coupe du Monde. Il avait été une dernière fois heureux et fier parmi ceux de sa tribu, celle des géants du football.

Yachine avait été le meilleur gardien du monde, à une époque où la télévision n'avait pas encore envahi notre vie quotidienne, où l'image était rare, où, quand elle était forte, elle se gravait pour longtemps dans les esprits. Beaucoup de ceux qui le considéraient comme un maître à son époque ne lui avaient jamais vu disputer une rencontre dans son entier. Pourtant, ils ne se trompaient pas.

Il était le numéro 1 des numéros 1. Depuis longtemps pour les spécialistes. Depuis 1963 pour la frange du grand public qui, stupéfaite, avait eu la chance de le regarder jouer une mi-temps du match Angleterre-reste du monde en 1963 à Wembley. Mi-temps magique, inoubliable, comme peut-être aucun gardien n'en réalisera plus jamais. Mi-temps diaphane et inspirée qui lui avait valu le Ballon d'Or.

Lev Ivanovitch Yachine était né à Moscou en 1929. Et c'est à Moscou, où il travaillait dans une usine d'aviation en 1945 pour remplacer son père parti se battre, qu'il s'était initié à son futur métier en gardant des buts de hockey sur glace.

Il avait 19 ans quand les dirigeants du Dynamo, le seul club qu'il ait jamais connu, l'engagèrent comme doublure de « Tigre » Chromic, un gardien style puma, tout de noir vêtu, que l'Occident ébahi par ses qualités avait découvert lors d'une tournée du club moscovite. Yachine admirait Chromic, qu'il allait supplanter en 1952. Mais il avouait un jour s'être beaucoup inspiré d'un certain Sokolov, gardien bulgare qui ne se contentait pas de monter la garde sur sa ligne, préférant évoluer à la façon d'un ultime défenseur.

Lev-la-Liberté prit donc son envol dans le vent du large : « Une fois assurée mon expérience de gardien sur ma ligne, racontait-il, je me suis décidé à sortir de ma cage. Je trouvais facile et un peu ridicule cette attente passive devant les buts. Pourquoi priver l'équipe d'un joueur supplémentaire à partir du moment où c'est justement celui qui voit le mieux le match ? Mais il ne fut pas facile d'imposer mes vues. Personne n'était habitué à ce style un peu fou. »

Et tout le monde n'avait pas envie de s'y habituer dans un pays frappé d'alignement, où le droit de penser et d'agir à sa guise était aussi répandu que les bananiers au bord de la Volga. Souvent la critique fondit sur lui ; parfois elle faillit le détruire. Dans sa dernière interview, parue dans *France*

YACHINE ET LES GOSSES
Un personnage mythique

Football juste après sa mort, il se souvenait que le seul journaliste soviétique présent sur la Coupe du Monde chilienne en 1962, un incertain Oleg Ignatiev, sale type qui ne connaissait rien au football, lui avait attribué l'entière responsabilité de l'élimination des Soviétiques en quarts de finale face aux Chiliens. Ce qui lui avait valu un retour au pays tellement glacial qu'il avait sincèrement songé à mettre un terme à sa carrière. « C'est finalement le Ballon d'Or qui m'avait incité à jouer encore pendant huit ans », ajoutait-il.
Huit ans encore à bondir, à plonger, à sortir de sa surface pour jouer au pied. Huit ans de plus pour embellir un palmarès qui dans son cas ne rime à rien (médaille d'or aux jeux Olympiques en 1956, cinq titres de champion, trois coupes d'URSS). Huit ans de plus pour forcer une brèche dans laquelle tous les gardiens du monde allaient allégrement s'engouffrer avant, avec le temps, de rentrer au bercail, poussés par l'évolution du jeu et de son esprit.
Bruno Martini, gardien de l'équipe de France, n'a jamais vu jouer Yachine. Ce qui ne lui enlève pas le droit de témoigner : « Mon père, qui jouait lui-même gardien de but, m'en a beaucoup parlé. Aujourd'hui, j'ai l'impression que je ne pratique pas le même sport que le grand gardien soviétique. Le football est tellement différent. Les gardiens actuels ne rayonnent plus comme à une certaine époque. Leur espace d'intervention tend à se réduire en raison de la densité exceptionnelle de joueurs qui se regroupent dans la surface de réparation. Le jeu va plus vite. La qualité des centres est différente. A l'époque de mon père et de Yachine, ils arrivaient bien haut et le gardien avait le temps de se mettre sous le ballon. Aujourd'hui, ils ressemblent plus à des tirs. Les interventions sont plus délicates. On ne bloque plus les ballons ; on les repousse. Les frappes sont plus violentes, plus soudaines, le football est plus physique, plus technique. Le gardien a dû s'adapter et évoluer. Déjà, en ce qui me concerne, je trouve une différence énorme entre la façon dont je jouais voilà 10 ans et celle dont je suis obligé de jouer actuellement. Alors, du temps de Yachine... »
Martini a raison. Lev Yachine pratiquait un autre sport. Au moins l'avait-il taillé à sa dimension, magnifié, embelli, sublimé. Il était un de ces artistes géniaux des exploits desquels on ne sait que quelques bribes mais tout de ce qu'ils furent. Il était l'aigle noir, ce qui suffit bien à sa gloire éternelle.

Au cœur de Gili

A Marseille, où les plus grands des entraîneurs n'ont parfois fait que des passages éclairs, l'intronisation de Gérard Gili, en août 1988, avait coupé la ville en deux. D'un côté les optimistes, qui lui accordaient quelques jours de survie ; de l'autre les pessimistes, qui ne lui concédaient que quelques heures.
Le premier mérite de l'entraîneur de l'OM a été de gagner du temps sur le temps. Sans jouer la montre.
« Aujourd'hui, disait-il à la fin du championnat, les gens à Marseille ne pensent plus à un autre entraîneur. Je ne vis plus au jour le jour, mais saison par saison. »
Gili, c'est naturel. Ça ne l'a pas toujours été en juillet - août 1989, quand on évoquait encore son départ à la suite de deux simples matches nuls (l'un à Nice, l'autre au Parc des Princes contre le RP1), en lui balançant Gilbert Gress dans les pattes. « Cela fait quatre mois que j'entends des noms. Je vais finir par regarder derrière moi dans la rue, des fois que ce soit le futur entraîneur de l'OM », affirmait-il alors avec humour.
Ce fut la dernière d'une longue série d'alertes. Jusqu'à la fin de la saison, Gérard Gili put se retourner sans crainte. Il ne vit que la présence rassurante de son ombre. Ce deuxième titre consécutif de champion, c'est d'abord le sien. Celui d'un Marseillais à sang froid comme on croyait qu'il n'en existait pas. « Tous les Marseillais ne crient pas haut et fort, dit-il. Je n'ai jamais aimé les choses excessives, car elles cachent des faiblesses. Il faut savoir rester soi-même. »
Gérard Gili analyse ici ce succès. En revenant sur les temps forts et les temps faibles de la saison, en expliquant ses choix tactiques, en révélant certaines de ses méthodes de travail, en éclairant de façon lumineuse quelques facettes jusqu'alors demeurées secrètes de sa personnalité, et en sortant les griffes quand il le juge nécessaire.

Gili et les victoires

« J'en retiens trois qui me paraissent plus significatives que les autres. Le premier match à Lyon, gagné 4-1, nous a placés face à nos responsabilités, en position de favori.
La potentialité de l'équipe s'est immédiatement exprimée. On attendait spectacle et efficacité ; ils furent au rendez-vous. Ce n'est pas tant le score qui m'a surpris que la qualité du jeu déployé et la joie de jouer, la fluidité, la vitesse, la simplicité.
Ce match m'a servi de point de repère toute la

GÉRARD GILI AVEC SES JOUEURS
« Sans dialogue, je suis malheureux »

saison, même si personnellement j'avais relativisé cette performance obtenue sur le terrain d'un promu. La deuxième est celle remportée à Toulon le 23 septembre. Ce fut pratiquement le match parfait que chaque entraîneur rêve de voir disputer par son équipe à l'extérieur. Ce jour-là, talent et réussite se sont merveilleusement conjugués. La troisième est bien sûr, celle obtenue en avril contre Bordeaux, qui nous propulsait vers le titre. Notre emprise sur la partie a été totale et notre succès indiscutable. Une fois encore c'est le talent qui a fait la différence. »

Gili et les défaites

« Celle de Toulouse, lors de la troisième journée, fut en quelque sorte le contrepoint du succès à Lyon. La preuve que dès que nous ne jouions plus sérieusement, nous étions battables. J'ai compris que, d'une certaine façon, notre principal ennemi, c'était nous-mêmes. A Bordeaux, le 21 octobre, nous n'avons pas su gérer l'événement. Nous avons été mauvais dans la façon de perdre. En un quart d'heure tout était réglé. Ce qui prouve bien que ce ne fut pas une défaite physique due au match de Coupe d'Europe disputé trois jours auparavant. Là, je me suis dit que le championnat serait plus dur que prévu. A Metz, en décembre, nous avons eu les mêmes problèmes qu'à Toulouse. Domination, ouverture du score, désagrégation. Ce fut une caricature des matches que nous avons perdus cette saison. Il faut savoir parfois fermer le jeu, maîtriser son goût pour l'offensive et son enthousiasme. En Lorraine, nous n'avons pas su résister à notre nature, qui est de créer. En mars, à Brest, ce fut l'excès inverse. Nous avons fait un match du niveau de Brest. Quitte à perdre, nous aurions dû rester à notre hauteur. Perdre n'est pas très grave. Mais sentir notre football se dégrader l'est beaucoup plus. »

Gili et le doute

« Mon seul moment de doute, je l'ai connu lorsque nous sommes allés disputer un match en retard à Sochaux en mars, alors que nous avions quatre points de retard sur Bordeaux. Si nous n'avions pas gagné, le titre aurait été très difficile à conquérir. »

Gili et le système de jeu

« En septembre, notre système de jeu du moment a été révélé dans la presse. Ce qui donnait toutes les clés à mes confrères pour le contrer. Il s'agissait d'un 3-5-2. Je l'ai donc changé. En fait notre système a beaucoup évolué en cours de saison. Nous avons joué avec trois ou quatre défensifs, avec un ou deux stoppeurs, avec un ou deux demis défensifs, avec deux, trois ou quatre attaquants. Cela dépendait des circonstances et de l'adversaire du jour, mais aussi de mes propres découvertes. Mes joueurs étant arrivés en ordre dispersé, j'ai mis un certain temps pour m'apercevoir que certains d'entre eux étaient utilisables à d'autres postes que ceux qu'ils tenaient habituellement. Nous avons ainsi abouti à un système final en forme de 4-3-3, voire de 4-2-4, qui n'est pas forcément le meilleur. Certains ont affirmé qu'il s'agissait d'un système à risques, N'empêche que dans ce cadre, mes joueurs ont démontré une joie de jouer extraordinaire et qu'ils ont été champions. Avec un peu plus de sérieux nous aurions dû gagner quelques matches supplémentaires. Changer un système en cours de saison, c'est passionnant. Les joueurs aiment bien ça. Ça ressemble à une partie d'échecs. Ils me font part de leurs remarques. Et je sais que les sélectionnés en parlent à leurs sélectionneurs. »

Gili et l'offensive

« Nous avons inscrit 75 buts. C'est ce qui fait la légende de l'OM. C'est ce qui fait que nous sommes appréciés en France et en Europe. La qualité de notre jeu est mise en avant. Dans l'esprit du public,

VERCRUYSSE A L'ATTAQUE
«Une équipe emballante»

l'OM est une équipe emballante. Pour cela nous devons énormément travailler car il est plus difficile de préparer une équipe à attaquer qu'à défendre. Mais c'est aussi plus agréable. »

Gili et les pronostics

« Pendant la trêve, *France Football* a réalisé un sondage auprès des entraîneurs de première division ; quatorze donnaient Bordeaux champion, quatre l'OM (Courbis, Roux, Goethals, Gili) et deux s'abstenaient. Je pense que les entraîneurs feraient bien de s'occuper de leurs affaires, afin de ne pas paraître en fin de saison moins crédibles dans leurs analyses que les spectateurs. Ça fait deux ans que l'on nous promet la deuxième place et ce sont toujours les mêmes qui se trompent. Comment peut-on analyser à distance sans maîtriser toutes les données d'une équipe ? J'ai l'impression qu'il y avait dans leurs réponses plus de jalousie que d'objectivité. Goethals avait choisi l'OM. C'est Raymond-la-Science. Et lui avait le droit de se prononcer car il était directement concerné.
Les autres feraient bien à l'avenir de garder leurs opinions pour eux. Ils se trompés une fois, ils se sont trompés deux fois, s'ils se trompent encore, leurs présidents risquent de penser qu'ils se plantent souvent. »

Gili 89 et Gili 90

« D'une saison à l'autre l'environnement a évolué considérablement. En 1988-1989 je disposais de treize ou quatorze joueurs. Une situation plutôt facile. Mais on ne me connaissait pas du tout ; on ne m'avait pas assez écouté. On ignorait l'image que je pouvais donner de moi. En 1989-1990, c'était moins simple. J'avais dix-huit internationaux. J'ai connu les deux extrêmes, ce qui est très enrichissant. Dans les deux cas nous n'avons déploré aucun conflit. Nous sommes à l'envers de l'histoire du club. Ce qui apporte un plus à la crédibilité de l'entraîneur. Un an auparavant, Gili, c'était la surprise. Cette année, je suis complètement entré dans le costume de l'entraîneur. J'appréhende mieux la pression du groupe. Je suis sur la voie positive des connaissances indispensables dans l'accomplissement de ce métier.
Toutefois, j'ai encore beaucoup à apprendre. »

Gili et l'instinct

« Je travaille beaucoup sur le jeu en essayant d'approfondir mes connaissances sur les qualités de chacun de mes joueurs. Les matches s'inscrivent dans ma mémoire sans que j'aie véritablement besoin de les revoir au magnétoscope. Je me fie à ces impressions saisies en direct. C'est à partir d'elles que je dégage des possibilités d'évolution de notre jeu. Ensuite, je me laisse guider par mon instinct pour choisir une option. A Sofia, par exemple, je sentais Mura, pas Francescoli. Je me fondais sur des tas de petites observations effectuées à l'entraînement. Je suis très observateur. Je fais très attention à la façon dont un joueur marche ou à sa manière de me dire bonjour. Je le sens à fleur de peau. Je sais alors s'il est bien ou pas. Quelqu'un qui est bien dans sa peau apporte plus sur le terrain qu'un torturé. »

Gili et la communication

« Quand je m'aperçois qu'un joueur ne va pas bien, je cherche à savoir ce qui lui arrive. Dans un groupe, la communication est quelque chose de vital. Tout le monde a besoin de se confier. Deux êtres humains qui se parlent et expriment leurs angoisses mutuelles se font du bien. Quelqu'un qui n'a pas d'états d'âme est un robot. Il faut accepter et comprendre les faiblesses passagères des joueurs. Cela fait partie d'un métier que je ne conçois pas de façon restrictive. »

Gili et Tapie

« J'arrive à le faire parler. Il me livre beaucoup de choses. Curieusement, nous partageons quasiment toujours les mêmes opinions. Si, au cours d'un match, nous griffonnions quelques notes sur le jeu et les joueurs, à la fin de la rencontre, nous nous apercevrions que nous avons écrit la même chose. C'est comme ça. Nous n'avons pas de divergences. Et si demain je n'étais plus marseillais, je ne changerais pas d'opinion. Quand il ne sera plus mon président, nous continuerons à ressentir les choses de la même façon. »

Gili et son avenir

« J'ai intégré le fait qu'un jour je devrai changer de club. Ce n'est pas une hantise et ça ne sera pas un signe d'échec. Simplement, à un moment donné, je ne serai plus capable de gérer une situation précise. Je ne me croirai pas mauvais pour autant. Ce qui est certain, c'est que je ne ferai plus jamais de formation, comme ce fut le cas durant neuf ans.
Je stressais trop ; beaucoup plus qu'avec les pros. La responsabilité vis-à-vis des gamins et de leurs familles est énorme. Chaque match perdu m'attristait profondément pour eux. L'important était de les voir heureux. Il fallait que je les aide. Les pros exercent un métier. Je ne les forme pas ; le les utilise. Il faut simplement qu'ils soient bien dans leur tête et dans leur jeu. Pour l'entraîneur, c'est un autre métier. Ce que j'ai appris avec les jeunes me sert beaucoup aujourd'hui. Mais je crois que ce serait trop difficile pour moi de m'impliquer de nouveau totalement dans la part de rêve de chaque adolescent. »

AVEC BERNARD TAPIE
«Nous partageons les mêmes opinions»

WADDLE, FACE A BORDEAUX
«Un succès indiscutable»

PAPIN CONTRE LILLE
La foudre dans les pieds

Papin jeune trentenaire

Jean-Pierre Papin est un mutant. On cherche en vain le rapport entre ce jeune type de 22 ans débarquant de sa Belgique adoptive en équipe de France pour le Mundial mexicain de 1986 et le triple meilleur buteur (record de France de Cisowski égalé), double champion de France et capitaine de l'OM.
Le rapport entre le gamin qui, à Tlaxcala en 1986, habillé mais trempé et bêtement hilare, croisait un groupe de journalistes en leur lançant : « C'est Féfé (Ferreri) qui m'a poussé dans la piscine », et l'homme qui déclarait avec beaucoup de finesse en décembre 1989 : « Je suis simple, mais pas simplet. »
Entre-temps, la tête de Turc est devenue une tête bien pleine, mise à prix, sans succès jusqu'à présent, par tous les défenseurs français. Rien n'arrête son irrésistible ascension. Débarrassé d'une écorce qui masquait de façon maladroite la riche réalité de sa nature profonde, voilà JPP trentenaire. En buts, pas en années. Un grandissime exploit quand on sait que les meilleurs buteurs français des dix dernières saisons plafonnaient à 22 (Platini 1982, Lacombe 1985, Papin 1989).
Trente, c'est un mirage, ou un miracle, dans un football fermé à double tour par des techniciens qui font semblant de ne pas comprendre que simple béton, double rideau ou triples stoppeurs, il y aura de toute façon toujours, et pour l'éternité, autant de perdants que de gagnants.
Mais cela, Papin s'en moque. Il sourit gentiment quand on lui rappelle qu'un an plus tôt Stéphane Paille était roi de France, rappelle qu'enfant il n'avait qu'une obsession, marquer des buts, et trouve que Gérard Gili y va fort quand il affirme après un match nul de l'OM auquel il n'a pas participé : « Avec Papin, nous aurions gagné. » Fasciné par sa réussite qu'il digère avec une étonnante humilité – « Entre Van Basten et moi il

n'y a pas photo » – , il traverse sa carrière à la vitesse de l'éclair, foudroyant sans déplaisir ceux qui se dressent sur la route. De 13 buts pour sa première saison en D1 avec l'OM, il s'est donc hissé à 30, en passant par 19 et 22. Il rêve maintenant de dépasser les 36 buts de Philippe Gondet, marque record pour un Français. C'était en 1965-1966, à une époque où des surfaces de réparation montaient encore des odeurs de pâquerettes.
En attendant et comme la saison 1988-1989, il nous raconte par le détail tous ses buts en championnat. En y ajoutant une touche très personnelle : à la fin de l'envoi, il note. Sur 10. Après avoir posé deux postulats : un but vaut toujours plus que la moyenne, et le but parfait n'existe pas. La parole à JPP.
1 : Lyon-Marseille (1re journée, 5e minute).
« Patrice Eyraud me lance en profondeur sur la droite de la surface de réparation. Je me rabats vers le centre. L'angle est très fermé mais le gardien lyonnais Lemasson s'avance légèrement pour anticiper sur un centre. Je frappe en force du pied droit, entre le gardien et son poteau. C'est mon premier but, mais c'est aussi le premier du championnat qui vient de débuter. »
MA NOTE : 7.

2 : Marseille-Metz (4e journée, 39e minute).
« Sur un long coup franc de Chris Waddle venu de la gauche, j'exécute une tête plongeante à 8 mètres des buts. Le ballon s'engouffre dans la lucarne. »
MA NOTE : 7.

3 : Nice-Marseille (5e journée, 7e minute).
« Dans la surface de réparation, Philippe Vercruysse réceptionne un coup franc de Waddle. Il me sert en retrait dans l'axe du but à hauteur des 18 mètres. Ma frappe en force, instantanée, pénètre sous la transversale. »
MA NOTE : 8.

4 : Marseille-Sochaux (8e journée, 9e minute).
« Silvestre commet une faute sur moi dans la surface de réparation. Je transforme le penalty en force et à mi-hauteur sur la droite de Rousset. »
MA NOTE : 6.

5 : Marseille-Sochaux (8e journée, 34e minute).
« Encore un penalty pour une main de Silvestre. Je le tire de nouveau sur la droite, à ras de terre et en finesse. Rousset, qui a choisi de partir de l'autre côté, est pris à contre-pied. »
MA NOTE : 6.

6 : Marseille-Sochaux (8e journée, 52e minute).
« Manuel Amoros me lance en profondeur dans l'axe du but. Pour devancer Rousset qui est sorti à ma rencontre, je jette ma jambe droite dans une sorte de tacle à 15 mètres de la ligne. Le ballon légèrement croisé roule doucement dans le but au ras du poteau droit. »
MA NOTE : 7.

7 : Marseille-Sochaux (8e journée, 88e minute).
« Une nouvelle fois, je suis lancé face au but légèrement sur la droite. Je suis à la lutte avec Silvestre dont je me débarrasse avant de plonger vers Rousset qui sort à ma rencontre. Ma frappe piquée du pied droit, freinée par le gardien sochalien, pénètre tout de même dans le coin droit du but. »
MA NOTE : 7.

8 : Marseille-Saint-Étienne (10e journée, 70e minute).
« Nous obtenons un coup franc direct à 20 mètres sur la gauche du but. Manuel Amoros feinte la frappe pour faire bouger le mur. Je surgis derrière lui et d'un tir puissant, enveloppé et tournant du pied droit, je trouve la lucarne opposée du but stéphanois.
Un but que Platini n'aurait pas renié. »
MA NOTE : 8.

9 : Marseille-Saint-Étienne (10e journée, 79e minute).
« Abdou Diallo prolonge dans l'axe un coup franc de Patrice Eyraud.
Je récupère le ballon à la limite du hors-jeu et m'avance vers Beaufreton que je bats d'un tir en force décoché du pied droit d'une douzaine de mètres. »
MA NOTE : 7.

10 : Toulon-Marseille (11e journée, 6e minute).
« Je suis servi par une longue transversale à l'entrée de la surface de réparation sur la droite. Borelli s'attend à une frappe en force. Je le surprends en plaçant le ballon de l'intérieur du pied droit dans un trou de souris entre le gardien toulonnais et son poteau gauche. »
MA NOTE : 7.

11 : Caen-Marseille (19e journée, 53e minute).
« Manuel Amoros expédie un long centre de la gauche sur la ligne des 6 mètres, où je devance un défenseur normand en plaçant à ras de terre un tir taclé et croisé du pied droit qui surprend Montanier. »
MA NOTE : 7.

12 : Caen-Marseille (19e journée, 89e minute).
« Montanier repousse maladroitement un tir de Waddle. Je reprends tranquillement le ballon de l'extérieur du pied droit et marque à mi-hauteur dans le but vide. »
MA NOTE : 6.

13 : Marseille-Toulouse (21e journée, 38e minute).
« J'intercepte une passe en retrait de Khidiatouline et de 25 mètres je lobe Huc venu à ma rencontre. La balle pénètre dans le but juste sous la barre transversale. »
MA NOTE : 8.

14 : Marseille-Toulouse (21e journée, 41e minute).
« Despeyroux commet une faute sur moi dans la surface de réparation. Je transforme le penalty en prenant Huc à contre-pied d'un tir de l'intérieur du pied droit, à ras de terre. »
MA NOTE : 6.

15 : Marseille-Toulouse (21e journée, 49e minute).
« Waddle expédie un long centre de la droite que Francescoli récupère sur la gauche. Enzo centre à son tour juste devant le but. Je reprends le ballon en force du pied droit à 4 mètres de la ligne. »
MA NOTE : 6.

16 : Marseille-Nice (23e journée, 45e minute).
« Manu Amoros me lance en profondeur à l'entrée des 18 mètres. En dépit de la présence d'un défenseur juste devant moi, je frappe instantanément à ras de terre du pied droit.
La balle pénètre dans le but au pied du poteau droit de Piveteau. »
MA NOTE : 7.

17 : Marseille-Nice (23e journée, 55e minute).
« Chris Waddle me lance dans l'axe. J'embarque le ballon tout en étant au coude à coude avec un défenseur qui hésite et ne m'attaque pas vraiment.
Je l'embarque sur la droite et de 15 mètres je place du pied droit une frappe croisée à ras de terre qui trompe Piveteau avancé. »
MA NOTE : 7.

18 : Marseille-RP1 (25e journée, 11e minute).
« Ben Mabrouk touche le ballon de la main dans la surface de réparation. Je transforme le penalty en douceur et à ras de terre en prenant Olmeta à contre-pied. »
MA NOTE : 6.

19 : Marseille-RP1 (25e journée, 15e minute).
« Je me trouve à une dizaine de mètres de la ligne de but quand je reçois un centre de Philippe Vercruysse.
Je me décale légèrement sur la gauche pour éviter la charge de Thétis et frappe du pied droit à ras de terre. Le ballon passe sous le ventre d'Olmeta surpris. »
MA NOTE : 7.

20 : Sochaux-Marseille (26e journée, 48e minute).
« Je suis fauché par Dufournet alors que je m'engageais dans la surface de réparation.

PAPIN UNE FOIS...

PAPIN DEUX FOIS...

PAPIN TROIS FOIS...

PAPIN QUATRE FOIS...

Je transforme le penalty de l'intérieur du pied à ras de terre et près du poteau droit. »
MA NOTE : 6.

21 : Sochaux-Marseille (26e journée, 77e minute).
« Je réceptionne dans l'axe à une trentaine de mètres des buts une passe en profondeur de Didier Deschamps. Je me débarrasse de Silvestre, ce qui m'oblige cependant à m'excentrer sur la droite. Arrivé à une quinzaine de mètres de la ligne, j'expédie un tir croisé du droit que Rousset touche mais, comme cela s'était déjà produit au match aller, sans pouvoir empêcher le ballon de rentrer. »
MA NOTE : 7.

22 : Marseille-Toulon (29e journée, 17e minute).
« Un coup franc aérien de Chris Waddle retombe à 8 mètres de la ligne de but. Je saute plus haut que tout le monde, eh oui, et je rabats le ballon de la tête dans le but en profitant de la position avancée du gardien. »
MA NOTE : 7.

23 : Marseille-Toulon (29e journée, 81e minute).
« Chris Waddle frappe en force un coup franc. Borrelli ne peut que repousser le ballon. Je suis à l'affût devant le but. Mais le ballon va vite. Il est presque derrière moi quand je parviens à le reprendre en force du pied droit et à le loger sous la transversale. J'ai l'impression d'avoir marqué un but presque impossible. »
MA NOTE : 9.

24 : Marseille-Toulon (29e journée, 90e minute).
« Venu de la droite, un centre en retrait de Thys est raté par Tigana. Le ballon arrive jusqu'à moi sur la gauche du but. Je contourne un défenseur tout en me replaçant sur mon pied droit et de 8 mètres environ je frappe en force du droit à ras de terre. »
MA NOTE : 8.

25 : Marseille-Lille (31e journée, 16e minute).
« Au terme d'une série de dribbles, Philippe Vercruysse centre de la droite à hauteur des 6 mètres face au but. Je profite d'une sortie moyenne de Nadon pour marquer d'une tête plongeante en dépit de l'intervention des défenseurs adverses. »
MA NOTE : 6.

26 : Marseille-Lille (31e journée, 78e minute).
« Éric Di Meco centre de la gauche. Diallo rate sa reprise de la tête et le ballon revient vers moi. Je suis posté à l'entrée des 18 mètres. Je reprends instantanément le ballon dans une position assez bizarre. Ma frappe écrasée et croisée part à ras de terre et rentre dans le but au ras du poteau droit. Ce but est la preuve qu'il ne faut jamais hésiter à tenter sa chance. »
MA NOTE : 9.

27 : Marseille-Lille (31e journée, 84e minute).
« Enzo Francescoli lancé en profondeur temporise sur la gauche de la surface de réparation. Il attire à lui deux défenseurs et me sert sur la droite. Je suis seul à 10 mètres du but. Je frappe du droit en force sous la barre. Un but presque classique. »
MA NOTE : 7.

28 : Cannes-Marseille (32e journée, 2e minute).
« Un long centre aérien de la droite retombe face au but à hauteur des 6 mètres. Je saute un peu à l'aveuglette en même temps que Dussuyer.
Je touche le ballon peut-être avec l'arrière du crâne. Je ne sais pas si le gardien cannois le contre.

... PAPIN TRENTE FOIS
Tout est dit

En tout cas je suis assez surpris de voir la balle retomber dans le but. »
MA NOTE : 7.

29 : Marseille-Mulhouse (35e journée, 23e minute).
« Chris Waddle expédie un centre au point de penalty. J'échappe au tacle de Neveu et profite d'un rebond du ballon sur mon bras pour expédier de l'extérieur du pied droit un tir légèrement croisé à ras de terre. »
MA NOTE : 6.

30 : Auxerre-Marseille (36e journée, 85e minute).
« Ce but a énormément fait pour ma réputation. Pour beaucoup, c'est le chef-d'œuvre de ma saison. C'est vrai que je n'en suis pas mécontent. Surtout parce qu'il confirmait notre titre de champion de France. A 30 mètres de notre ligne de but, je parviens à contrer Matysik. Toute l'équipe d'Auxerre est à l'attaque. Je m'engage à grandes foulées dans l'espace libre sur la gauche du terrain. Catalano tente de me reprendre mais n'y parvient pas. Je repique vers le centre. Arrivé à l'entrée des 18 mètres, je vois que Martini est en train de sortir. Je glisse alors le ballon de l'intérieur du pied droit au ras de son poteau droit au bout d'une course de 60 mètres. »
MA NOTE : 9.

Endoume, la face cachée de Marseille

Ici, Marseille n'en finit pas de se rassembler. A moins de deux kilomètres de la Canebière, qui n'est qu'un symbole, et du Vieux Port, qui n'est qu'une carte postale, le vieux quartier d'Endoume enfonce gaillardement sa pointe dans la Méditerranée.

L'anse de Malmousque, l'anse des Auffes, l'anse de la Fausse-Monnaie abritent encore des barques de pêcheurs.

Endoume la vallonnée, c'est la mer d'un côté, Notre-Dame-de-la-Garde, sainte protectrice, de l'autre. Endoume la populeuse est un village où se mêlent les « cacous » et les bourgeois, où s'entremêlent les « Tchoua », les « Loule », les Marius et les Sauveur. Endoume, c'est l'esprit d'une ville que sublime une belote.

Endoume, c'est l'âme d'une cité dont la circulation pourrait bien encore être bloquée par une partie de pétanque dont dépend, plus important encore que le sort du monde, celui de la prochaine tournée de pastis. A Endoume, le petit-fils de César est toujours capable de faire mine d'étrangler celui de Panisse dans un accès de rage aussi démesuré que contrôlé.

Endoume, c'est aussi du football. A l'ombre du surpuissant OM, dont on jurerait qu'il est castrateur pour l'ensemble de ses voisins, si l'Union sportive Endoume-Catalans n'existait pas. Mais elle existe, pleine d'accent et de verve.

Léon Galli a 44 ans, un physique du lieu, et une histoire à raconter à laquelle lui-même ne comprend pas tout. Certains le surnomment, sans mépris aucun, le Gili du pauvre. Il est sans doute un peu cela et bien d'autres choses encore. Il a joué sept ans à l'OM. Il a côtoyé Skoblar, Magnusson, Keita. Gili également. Pas assez bon pour devenir roi. Pas assez mauvais pour partir aisément en exil.

Sept ans de bonheur ou sept ans de malheur. Allez savoir. Et puis, la seconde division : Alès, Montélimar, Martigues, avant d'entraîner Aix-en-Provence et Salon-de-Provence. Galli est un homme de Provence et de terrain. Il a travaillé sur le port, il a vendu des vêtements sur les marchés. Il est sorti du rang parce que pour lui le ballon tournait un peu plus rond que pour d'autres. Signer à l'US Endoume était une façon de retourner à ses origines, de se fondre dans sa propre substance. Quand il a débarqué, voici huit ans, dans cette équipe de quartier née entre les deux guerres, elle évoluait en promotion d'honneur B. Endoume, c'était alors la joie de quelques-uns et l'angoisse pour beaucoup d'autres. Équipe de rapines, de coups de main et de coup bas, sa réputation volait au ras du gazon et des crampons. L'affronter était une grande misère, tout le contraire d'une galéjade. Bref, les durs d'Endoume aimaient bien faire régner leur propre loi sans humour ni pitié.

L' US ENDOUME - CATALANS
A l'ombre du surpuissant OM

Aujourd'hui, à Marseille, au grand désespoir de Galli, on aime toujours coller cette légende abrasive à la peau de successeurs qui s'appellent Spinozi ou Ciampi, Cassini ou Bicais, De Falco ou Bonisoli, Biga ou Frigout, Coti ou Terrones, Kalamouka ou Abdelkader, tous Marseillais d'origine.
C'est la gloire d'un club qui, en 1990, ayant gravi cinq échelons depuis l'arrivée de Léon Galli, vient de monter en troisième division, après avoir fait beaucoup parler de lui lors d'une Coupe de France dont il fut le cendrillon, atteignant les seizièmes de finale. C'était en 1988.
Et poutant, Endoume en grandissant est resté misérable, vivant de quêtes et de mendicité. En 1989, il a fallu boucler le budget avec les 150 000 francs de la subvention municipale et les 100 000 francs offerts par le sponsor. « Ici, on ne paye pas les joueurs, dit Galli. Nous n'en avons pas les moyens. En division 4, ils touchaient entre 500 et 800 francs de prime de match, point final.
Et ils ne se sont jamais plaints, même lorsqu'au printemps il n'y avait plus un sou en caisse et qu'ils sont restés deux mois sans percevoir le moindre centime. »
Être Endoumois est à la fois un sacerdoce et un honneur. Au début de la saison 1989-1990, deux des meilleurs footballeurs du club ont signé à Aix-en-Provence, club rival de division 4. Parce que les proportions qui leur étaient faites étaient incomparablement supérieures. Toute la saison ils ont lutté pour éviter la relégation en division d'honneur.
Et au mois de mai, ils ont demandé à revenir au club de leurs premières amours. Ils avaient gagné de l'argent mais ils avaient perdu la foi.
Cette foi qui sauve.
Au soir du sacre, le 6 mai, tout l'effectif s'est retrouvé au siège du club pour fêter le succès autour d'un verre. Et de trente pizzas livrées en catastrophe parce qu'il n'y avait pas assez d'argent

pour offrir un repas aux héros. A Endoume, combines et bouts de ficelle remplacent, par obligation, luxe et richesse. Avant les matches, on se goinfre de coquillettes. Et Léon Galli, contremaître principal de la ville de Marseille, chargé à ce titre du ravitaillement quotidien de 40 000 petits écoliers, s'arrange même à l'occasion pour détourner quelques tranches de viande ; surtout, ne le répétez pas !
Galli est l'homme du miracle. Le mot est de lui. Il n'en trouve pas d'autre. Et personne n'oserait avancer une explication différente et logique. L'ascension d'Endoume est véritablement incompréhensible si l'on ne croit pas aux coups de pouce malicieux du destin. La saison passée encore, le lundi et le mardi soir, Galli et ses joueurs squattaient les jardins publics du Pharo pour s'entraîner, quand ils n'allaient pas tout simplement courir le long de la corniche.
Galli a toujours vingt ballons dans le coffre de sa voiture. Parce qu'il n'a nulle part où les déposer et qu'il ne sait jamais où aura lieu la séance du lendemain.
Endoume joue sur la pelouse du stade Le Cesne, à la périphérie de la ville. Il s'y entraîne parfois également. Mais les joueurs sont obligés de déplacer leur espace de travail toutes les demi-heures. Afin de ménager la verte couverture pour la représentation dominicale dans ce qu'ils appellent tous leur « chaudron ». Parce que 500 personnes, dont des représentants des Ultras de l'OM, y font du bruit comme 5000.
Véritable cas social abonné au RMI (Régime Montée Irrésistible), l'US Endoume-Catalans n'en finit pas de réclamer aux édiles un logement décent, rêvant d'un stade éclairé et d'une réfection du célèbre Huveaune, là où un jour l'OM toucha le fond en jouant devant un peu plus de 400 personnes qui sont devenues aujourd'hui au moins 20 000 s'il faut en croire tous les beaux parleurs de l'endroit.
En attendant, Endoume bricole, avec son équipe où les employés municipaux voisinent avec les chômeurs et les étudiants. « L'enthousiasme de mes joueurs est extraordinaire, affirme Galli. C'est pour eux que je me bats. Ils ont une marge de progression fantastique que seules de bonnes conditions de travail peuvent permettre de rentabiliser. »
Ils ont aussi l'assurance de ne pas être mis en concurrence avec des types à l'accent pointu. « Vu ce que nous proposons, il nous est impossible de faire venir des joueurs qui ne sont pas marseillais, dit Galli. Allez savoir si notre réussite ne vient pas aussi de cela », ajoute-t-il.
L'autre Marseille ne concurrencera jamais l'OM. Elle continuera même de l'admirer, sans se rendre compte que, des deux, c'est elle qui est le plus admirable.

LÉON GALLI PORTÉ EN TRIOMPHE
L'homme du miracle

Le grand chelem italien

**Milan, Juventus, Sampdoria : trois clubs, trois politiques mais un même résultat, la victoire… La saison 1989-1990 a été celle de tous les exploits pour les clubs italiens, qui ont réussi le premier grand chelem de l'histoire des Coupes d'Europe.
Thierry Hubac, grand spécialiste du football transalpin au magazine *Onze Mondial*, a suivi leur ascension, puis leur consécration. Il nous sert de guide, sur la chaussée des géants.
Triomphe, mode(s) d'emploi…**

L'homme a belle allure. Élégance sobre, dans les tons gris d'un ciel d'automne, cheveu bien taillé, sourire charmeur. Au bar de l'hôtel Marriott de Vienne, il lève son verre, triomphant. Du fond des rues de la capitale autrichienne monte le chant victorieux de milliers de tifosi. Antonio Matarrese écoute, puis boit, du bout des lèvres. Dans la lumière nacrée d'un instant de bonheur, l'ancien député de la Démocratie chrétienne, aujourd'hui président de la Fédération italienne de football, savoure son plaisir.

Le Milan AC a remporté devant Benfica la Coupe des Champions, et ce succès, ajouté à celui de la Sampdoria de Gênes en Coupe des Coupes et de la Juventus de Turin en Coupe de l'UEFA, signe un triplé sans précédent dans l'histoire des coupes européennes. Un « grand chelem » que l'Italie avait déjà manqué in extremis la saison précédente (défaite de la Sampdoria en finale de la C2) et qui témoigne de l'hégémonie imposée par le *calcio* dans la compétition continentale, au moment même où l'Italie s'apprête à organiser « son » Mondiale.

Une véritable « dictature footballistique » (aurait-elle vu le jour si les clubs anglais n'avaient pas été bannis ?), puisqu'à ces trois victoires s'ajoute la présence, en finale de la Coupe de l'UEFA, d'un autre club transalpin : la Fiorentina.

Seule l'Espagne, en 1962, était parvenue à placer quatre de ses représentants à ce stade ultime de l'épreuve, mais le Real, battu par Benfica en C1, avait gâché la fête.

Antonio Matarrese est un homme heureux. Élu en novembre 1987, il répond aujourd'hui de la vitalité d'un football sûr de lui et dominateur. Alors, il lève de nouveau son verre. Et raconte : « Ce couronnement est l'aboutissement logique d'un gros travail en profondeur, fait d'organisation et de programmation. Nous en recueillons aujourd'hui les fruits et nous dominons l'Europe. Mais il s'agit de rester humbles, modestes et sportifs. Pour ce travail, pour ces efforts, je souhaite que nous soyons désormais respectés, et non pas craints. Que les autres nous considèrent comme des modèles, et non pas comme des patrons. »

Le travail « rationnel » évoqué par Matarrese prend sa source dans une décision votée en 1982 : l'ouverture des frontières aux footballeurs étrangers. Deux par club. Plus tard, en 1988, ce chiffre passera à trois. Les meilleurs joueurs évoluent dans le championnat italien, dont chaque rencontre devient un match de Coupe du Monde disputé dans un environnement passionnel extraordinaire.

Cette pression fait peser des exigences supplémentaires sur les épaules des joueurs. Ils savent se surpasser. Le système de rémunération lui-même les responsabilise : si les salaires sont conséquents, ce sont surtout les primes de match qui sont élevées. Les footballeurs qui évoluent dans le championnat d'Italie ne s'installent jamais dans le confort. Ils sont contraints, dimanche après dimanche, de se remettre en question.

Aux côtés des stars étrangères, les Transalpins progressent. Leur mentalité évolue. Plus soucieux

MALDINI, AVEC MAGNUSSON
Un engagement total

du spectacle, du jeu ouvert et offensif, ils rompent avec la tradition d'un football jusqu'alors enfermé dans la rigidité de son *catenaccio*.
L'arrivée d'Azeglio Vicini à la tête de la sélection nationale, en octobre 1986, a contribué à renforcer cette métamorphose. Dans son sillage ont germé des techniciens comme Luigi Maifredi et Arrigo Sacchi. Amoureux du beau jeu, ils sont, dans leur club, les garants du renouveau. Le football italien, dans son ensemble, reste extrêmement puissant. Ses plus grands clubs (qui sont tous des sociétés par actions) sont parfaitement structurés et dirigés. L'apport financier représenté par les abonnements, les recettes, le sponsoring, les contrats de retransmission TV et le Totocalcio est considérable. Le CONI (Comité olympique italien) et la Federcalcio gèrent un patrimoine solide. Avec rigueur, prévenance et passion.
Chaque club a sa propre identité, sa philosophie. Et n'y déroge jamais. A ce sujet, le triple succès du Milan AC, de la Samp et de la Juve est révélateur : trois politiques différentes, trois manières différentes d'aborder l'événement, mais une même dynamique de la victoire. Pour gagner une Coupe d'Europe, à chacun sa recette, à chacun ses idées, à chacun ses hommes.
La Juventus, c'est « l'Avvocato » Giovanni Agnelli, son président honoraire. C'est une légende et un palmarès. Mais c'est aussi une équipe qui, depuis 1985, n'avait pas réussi à s'approprier le moindre trophée européen. Une équipe qui, fin décembre 1989, est au bord de la rupture, mal classée en championnat, minée par des querelles intestines, boudée par ses tifosi.
Pour redresser la situation, la *vecchia signora* (la vieille dame) fait la révolution. Afin de demeurer compétitive, elle s'adapte aux nouvelles règles du marché : en mars, la Juventus entre dans le groupe Fiat (contrairement à une idée reçue, elle n'appartenait, jusqu'alors, qu'à l'IFI, la société financière du groupe Agnelli). La puissante firme automobile devient actionnaire à 45% et apporte un potentiel économique impressionnant (le transfert record de Baggio – 90 millions de francs – n'aurait jamais été envisageable par le passé).
La Juve change de philosophie et son président mythique, Giampiero Boniperti, démissionne.
Avant même que l'année 90 commence, l'entraîneur Dino Zoff apprend que son contrat ne sera pas reconduit et que son successeur (Luigi Maifredi) a déjà été désigné. Les étrangers, Rui Barros, Zavarov et Aleinikov, décevants, sont mis en garde.
La Juventus assume ce changement d'orientation avec aisance et retourne la situation en un temps record. Le club opère un redressement

spectaculaire : la gestion se stabilise et les résultats reviennent. Sous l'impulsion de son buteur Salvatore Schillaci, les « Bianconeri » effectuent une remontée au classement qui les conduira à la troisième place, remportent la Coupe face au Milan AC (0-0 à Turin, 1-0 à Milan) et, surtout, décrochent la Coupe de l'UEFA.
Le chemin a été long et difficile : Gornik Zabrze (c'est en allant superviser l'équipe polonaise que Gaetano Scirea trouvera la mort dans un accident de la route), le Paris Saint-Germain, Karl-Marx-Stadt, Hambourg, Cologne et, en finale, la Fiorentina.
A l'image de la Juve, le club florentin a lui aussi démontré l'une des grandes forces des clubs italiens : leur aptitude à surmonter les crises et les problèmes, leur grande capacité à gérer l'événement. La Fiorentina, baladée en championnat, privée de stade, mise en vente par la famille Pontello, victime de la crise la plus grave de son histoire, mais qui va jusqu'au bout. Fière, forte. Italienne. Le double affrontement de cette « finale-derby » sera décevant : jeu destructif et violent, une image du football italien que l'on croyait révolue. C'est pourtant une réalité. Si le Milan AC et la Sampdoria ont misé sur le spectacle et la qualité, la Juve a sacrifié la manière. Une autre des grandes forces du *calcio* réside dans sa diversité. Des différences qui sont aussi sa richesse. Elle réside également dans la qualité des hommes qui dirigent les clubs. Agnelli, Berlusconi, mais aussi Paolo Mantovani. Ex-roi du pétrole et riche armateur, ce personnage truculent et expansif a transformé un club anonyme en champion d'Europe, il a fait de la Samp un outsider régulier au titre de champion d'Italie, le plus difficile au monde à obtenir. A coups de cœur, à coups de génie. Son club est une grande famille et il en est le patriarche. C'est pour lui, pour cette chaleur humaine, que les deux stars Vialli et Mancini, malgré d'incroyables ponts d'or, ont toujours refusé de quitter Gênes.
La philosophie de Mantovani est limpide : patience, travail et politique sportive fondée sur la sagesse et la confiance. Son discours est celui de la méthode. Le président ne commet jamais de folies : il achète bien pour revendre mieux, il soigne la formation. Mantovani, c'est la Sampdoria et la Sampdoria, c'est un autre facteur qui explique la réussite du foot italien. Après avoir offert trois Coupes d'Italie à son club, le président, progression logique dans tout esprit transalpin, a voulu lui offrir la Coupe des Coupes. En Italie, et pour n'importe quel club, la participation à une coupe européenne n'est en aucun cas une « récompense » : c'est un challenge, un nouveau but à atteindre. La finale perdue à Berne contre le FC Barcelone, en 1989, a servi de leçon à Mantovani. Retenir les enseignements de cette aventure et s'armer pour la victoire : c'est la tâche qu'il confie à son entraîneur yougoslave, Vujadin Boskov, l'un des meilleurs techniciens exerçant en Italie. « Cette fois, c'est la bonne, président. Je vous le promet. »
Boskov est un homme d'honneur : la Samp écarte successivement Brann Bergen, le Borussia Dortmund, les Grasshoppers de Zürich et Monaco (qui devient, pour la saison, le quatrième et dernier club français éliminé par une formation italienne !).
La finale lui propose Anderlecht. Le Brésilien Cerezo et l'Espagnol Victor sont sur le banc. Mais Gianluca Vialli, totalement remis d'une blessure à la cheville, est sur la pelouse. Et c'est lui qui, en prolongations, offre le trophée aux siens, grâce à deux buts superbes. Riche de talents et de personnalité, la Samp, invaincue, inscrit son nom au fronton de l'Europe. Et l'Italie entière attend maintenant le Milan AC, pour un triplé historique... Un Milan AC qui fait référence dans le monde entier. L'équipe des années 90. Le Milan (prononcez « Milane »), c'est encore une nouvelle philosophie, un autre art de vivre. Une nouvelle composante de la mosaïque italienne. Mais c'est encore et surtout un homme : Silvio Berlusconi. Reprenant, en mars 1986, un club à la dérive, il l'a totalement restructuré. En homme d'affaires avisé, il a su le gérer comme une véritable entreprise. La fameuse synergie de l' « empire Berlusconi » a transformé Milan en club modèle. Organisation, travail, sérieux et discipline. Sans pour autant négliger le facteur humain, que l'entraîneur Arrigo Sacchi résume en quelques mots : « Mes joueurs sont des milliardaires motivés. » Berlusconi a offert le « Scudetto » au Milan, mais aussi la Coupe des Champions, la Super-Coupe d'Europe et la Coupe intercontinentale. Mais cela ne saurait le satisfaire. Ce que souhaite « Sua Emittenza », ce n'est pas l'exploit mais la répétition de l'exploit. Et lorsque ses joueurs s'apprêtent à affronter le HJK Helsinki au premier tour de la Coupe des Champions, il leur faudra une nouvelle fois aller jusqu'au bout. Alors, sans Gullit (que l'on ne reverra sous le maillot rossonero que sept mois plus tard) ni Van Basten (de retour dès le tour suivant), ils balaieront les Finlandais (4-0, 1-0). Les buteurs s'appellent Stroppa, Massaro, Evani, Borgonovo. Le Milan n'est pas une somme de vedettes, c'est un effectif riche et de qualité. Une équipe.
Le sort, cruel, leur offre ensuite le Real Madrid. Encore. Berlusconi et Mendoza, les deux présidents, fustigent le tirage au sort intégral, demandent une protection pour les grandes équipes. En attendant que l'UEFA prenne enfin conscience des réalités, le Milan fait la différence à San Siro (2-0), est honteusement agressé pendant quatre-vingt-dix minutes à Bernabeu, plie (0-1) mais ne rompt pas. Les Italiens, tour à tour formidables d'autorité, de maîtrise ou d'audace,

GULLIT AVEC MILAN...

... VIALLI AVEC LA SAMP ...

passent encore Malines (0-0, 2-0 a. p.), puis le Bayern de Munich (1-0, 1-2 a. p.). Un parcours terrible, négocié avec talent mais aussi avec rage et courage. Avec l'énergie du désespoir. Car il ne leur reste plus que l'Europe. Distancés sur le fil par Naples en championnat à la suite d'un final mouvementé, battus par la Juventus en finale de la Coupe d'Italie, les Rossoneri reportent toutes leurs ambitions sur la Coupe des Champions. Elle doit sauver leur saison, comme elle doit redorer le blason personnel de Berlusconi, renforcer son image de vainqueur, quelque peu ternie par des récents revers concédés sur un tout autre terrain : celui des affaires. Milan est fatigué, épuisé par une saison asphyxiante et frénétique, mais Milan va se sublimer. Puiser tout au fond de ses entrailles des ressources insoupçonnées. Ruud Gullit reste quatre-vingt-dix minutes sur la pelouse pour la première fois depuis un an. Il court beaucoup, partout, symbolise la volonté et la détermination d'une équipe qui trouve la force de donner un dernier coup de reins. Milan contre-nature, qui peine mais qui gagne. Et Sacchi, étrange et merveilleux petit bonhomme, conclut dans un sourire : « En 1989, à Barcelone, notre succès fut très beau. Cette année, il est merveilleux, car nous avons souffert. Mais nous nous sommes imposés grâce à une grande maturité technique, un énorme courage, un moral indestructible, de l'intelligence et, surtout, grâce à la patience. » Autant de vertus fondamentales qui expliquent le nouveau triomphe du Milan AC et des autres équipes transalpines. La nuit tombe sur Vienne, dernière étape de la longue croisade du football italien. La lune ébréchée éclaire le visage radieux des vainqueurs.

... TACCONI ET MAROCCHI AVEC LA JUVE
Une seule et même joie

Berlusconi et les siens font la fête. Sans Antonio Matarrese, qui a poliment repoussé l'invitation. Au bar de l'hôtel Marriott, dans la lumière diffuse de quelques ampoules, il lève une dernière fois son verre. De nouvelles perspectives, de nouveaux défis s'affichent à l'horizon. Grâce aux succès du Milan, de la Sampdoria et de la Juventus, l'Italie comptera huit représentants dans les trois Coupes d'Europe pour la saison 1990-91. Un record, un triomphe. Son triomphe.

La coupe à la poubelle

La Coupe aime batifoler sur des petits chemins le long desquels elle peut faire d'agréables rencontres. Là, volontiers allumeuse, elle les excite tous, dispensant ici et ailleurs quelques tendres baisers. Pourtant, elle ne s'offre véritablement qu'à un seul. Qui n'est pas forcément le plus fort, ni le plus beau, mais simplement le plus assidu.

En août 1989, après une défaite à Marseille, au terme d'un match minable de la part des siens, Louis Nicollin lâche pour se redonner du courage : « Quand on sera en finale de Coupe, vous direz : "Quelle équipe ! " » La Coupe adore être courtisée ainsi. Il le brandira, son trophée, Loulou de La Paillade ; il entrera dans la légende que d'autres n'auront fait qu'effleurer au long des tours et des détours de la belle dame, contes d'une folie extraordinaire.

Il était une fois un petit village breton de 7 000 habitants... Son équipe, qui joue en division d'honneur, a décidé de résister. Son entraîneur s'appelle Jean-Louis Lamour. Pas n'importe quel Lamour, ce Lamour-là, il est inspecteur divisionnaire à la brigade des stups à Brest. Depuis 1984, c'est lui qui est chargé de la protection rapprochée de l'équipe de France. Plabennec est aux anges. En trente-deuxièmes de finale, il affronte Bordeaux.

Plabennec est un miraculé. Au huitième tour, il a battu Segré, équipe de quatrième division, 6-4 après prolongation, en égalisant à la quatre-vingt-dix-huitième minute du temps réglementaire. Ça ne s'appelle plus des arrêts de jeu, mais une montre d'arbitre qui ne marche pas.

Le gardien de Segré n'est pas un inconnu. Égaré en Bretagne, Alain Guaméné est le titulaire du poste en équipe de Côte-d'Ivoire. « Et si on en marquait autant au gardien du Cameroun ? », ironise Lamour avant de défier Bell. Le conte s'arrête là. Bordeaux gagne 4-0.

Il était une fois un entraîneur qui en avait bavé...

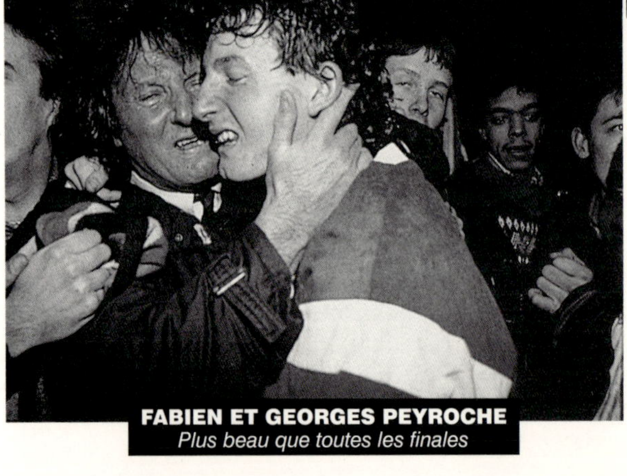

FABIEN ET GEORGES PEYROCHE
Plus beau que toutes les finales

LE RACING P1 A L'ABORDAGE
Contes de la folie extraordinaire

Georges Peyroche ne s'est jamais complètement remis de son licenciement du Paris SG. La cicatrice est mal refermée. Georges en a bavé. Il a chômé, travaillé, re-chômé, re-travaillé. Son univers s'est cantonné à la deuxième division. Partout, il débarque avec son fils Fabien, qui avait huit ans quand son père en a obtenu la garde. Le couple est soudé. Férocement. Définitivement.
Sous le surnom de « Bouboule », Fabien a longtemps été le chouchou des joueurs du Paris SG. Sa rondeur emplissait le couloir d'accès aux vestiaires du Parc des Princes. Fabien a maintenant 20 ans. Il a grandi, il s'est affiné. Il joue. Moins bien que son père au même âge. A Valenciennes, il n'est pas titulaire en seconde division, pas plus qu'il ne l'est en troisième. Il évolue en division d'honneur.
Georges Peyroche vise la première division. La montée est son unique souci. Et patatras ; voilà que le Paris SG lui tombe sur les reins en trente-

deuxièmes de finale. Provocateur, il embellit un défi qu'il refuse de transformer en revanche. Il décide de faire reposer ses titulaires et d'aligner ses remplaçants.
Au Paris SG, on croit à une galéjade. Erreur. Peyroche va au bout de son idée. « Surtout, ne tremblez pas, dit-il à ses gamins. Vous devez être prêts à mourir sur le terrain. » Fabien est numéro 10. Il côtoie Susic, héros de son enfance. Et l'incroyable se produit. Le Paris SG d'Ivic ne sait plus jouer. Wilfried Gohel, un môme de 20 ans, marque le seul but du match en lobant Bats de 35 mètres. A un quart d'heure de la fin, Fabien épuisé, cramoisi s'approche du banc : « Papa, je suis mort. » Papa le remplace. Il avouera plus tard : « Toute ma vie, je reverrai Fabien pleurer dans mes bras. C'est plus beau que toutes les finales. »
L'histoire aurait pu s'arrêter là. Elle aura des prolongements. En seizièmes de finale, Peyroche réussit le même coup avec la même équipe. Toulon est éliminé aux tirs au but sur son propre terrain. En huitièmes de finale, si Saint-Étienne s'impose à Valenciennes 4-3, c'est en grande partie à cause de la blessure du gardien de but, Jean-Pierre Tempet, contraint d'abandonner ses camarades.
Il était une fois en Avignon un avant-centre qui avait choisi l'anonymat... A 29 ans, Patrick Cubaynes aurait pu poursuivre sa carrière en première division s'il avait accepté les offres de Nantes ou de Metz : « Depuis que j'ai passé six mois à Strasbourg, je sais qu'il ne m'est pas possible de vivre là-haut. Il y fait bien trop froid », dit-il. Il a choisi, pour un salaire trois fois moindre, de revenir chez lui, en seconde division. Il a parié qu'il ferait monter son club en trois ans. C'est également l'objectif de Gérard Soler, le directeur sportif.
Avignon se prélasse en milieu de tableau. La coupe va le secouer. En trente-deuxièmes de finale, il affronte Monaco, finaliste 1989 et qualifié pour les quarts de finale de la C2. Sur son terrain, Avignon résiste pendant une heure et demie. En prolongation, Monaco prend deux fois l'avantage. Puis Cubaynes pique sa crise. Il profite d'un coup franc de 30 mètres, d'une erreur de Petit et d'un centre aérien pour envoyer bouler Ettori à trois reprises. Un hat-trick royal.
En seizièmes de finale, Avignon va à Brest qui vient de battre Bordeaux en championnat. Pour obtenir quelques informations, Soler téléphone à Goethals, qu'il a connu en 1980 en Gironde. « Vous vous qualifierez si une épidémie s'abat sur votre adversaire », se moque le Belge. L'épidémie sera au rendez-vous. De cubaynite aiguë. Elle frappe à la soixante-troisième minute. Patrick marquera encore un but en huitièmes de finale contre Orléans. Avignon tombera en quarts de finale contre Montpellier 1-0. Cubaynes avait oublié de marquer. Il était une fois un club qui avait voulu être très

AÏD (RP1) ET WADDLE EN ACTION
Le buteur n'est pas celui que l'on croit

PASCAL OLMETA CONTRE L'OM
Déjà star au vélodrome

grand et qui était devenu tout petit... Le RP1 n'est plus Matra pour un rond, et tout au long de la saison, avec une équipe jeune, courageuse mais limitée, il s'est battu à hauteur des dernières places. Dans un premier temps, la coupe l'épargne en lui proposant des adversaires à sa portée. Angers est péniblement maîtrisé, 3-2 après prolongation. A Sedan, l'hôte du jour s'incline 2-0. Gueugnon enfin prend sa raclée au Parc, 5-0. C'est comme ça que l'on se retrouve en quarts de finale, ni vu ni connu.
A partir de là, le hasard fait payer au centuple la générosité dont il a fait preuve jusqu'alors. Bordeaux, même au Parc des Princes, c'est un os. Heureuse coïncidence, les Girondins sont en pleine décélération. Et Pascal Olmeta est un grand remonteur de pendules. Depuis quelques semaines, il assure, poussant ses copains de la voix et du geste, se mêlant au jeu dans les cas désespérés. « Ne croyez pas que je rentre sur le terrain pour amuser la galerie, dit-il. Je suis là pour gagner en restant dans la bonne humeur, dans un bon esprit. En régalant et en me régalant. »
Le gardien parisien est un type épatant. A un quart d'heure de la fin, Den Boer marque un penalty pour Bordeaux. Il reste maintenant une minute à jouer. Ultime corner pour le RP1. Olmeta monte à l'assaut, tente une reprise de la tête, gêne Bell. La balle, mal repoussée, est reprise par Sobrinho qui égalise. Olmeta est magique. La séance de tirs au but tourne à l'avantage des Parisiens.
Il était une fois dans l'Hérault un club qui avait fait n'importe quoi et qui désespérait son président... Égaré en championnat, Louis Nicollin, le jovial et bouillant patron de Montpellier, s'est juré de retrouver son chemin grâce à la Coupe. Le trente-deuxième de finale contre Istres coïncide avec le premier match de Mézy sur le banc après le renvoi d'Aimé Jacquet. Montpellier marque à l'ultime minute par Ferhaoui. C'est un signe. La suite est plus simple. Cuiseaux-Louhans est avalé (5-1), Nantes basculé (2-0), ce qui est une belle performance, Avignon repoussé (1-0).
En demi-finales, Montpellier se rend dans le chaudron vert à Saint-Étienne pour un match déjà considéré comme qualificatif à la Coupe des Coupes. Car le lendemain, l'OM, déjà champion, reçoit pour la forme le pôvre RF1.
Dans cette période décisive, le club est de nouveau déchiré par des histoires de famille. Nicollin a recruté Robert Nouzaret comme futur directeur sportif. Il veut absolument que Michel Mézy reste entraîneur et l'adjure de passer ses diplômes. Mézy se sent floué, trahi. Il n'a pas envie de composer avec un supérieur hiérarchique autre que son président. Et il préférerait de toute façon retrouver

BOUDERBALA ET OLMETA
Le bonheur fou du Racing

ses anciennes fonctions, considérant son stage sur le banc comme un simple intérim.
Cette querelle larvée va empoisonner toute la fin de saison du club.
Avant d'aller à Saint-Étienne, le président fondateur n'a pas le moral : « Si ce que je veux ne se réalise pas, pour la première fois je serai prêt à abandonner le foot. Je ne vois pas en quoi Nouzaret gênerait Mézy. »
Côté gazon, en revanche, c'est le beau fixe. Saint-Étienne est ballotté. Cantona signe un joli but d'une volée croisée sur un centre de Xuereb et Montpellier accumule les occasions. Sa qualification est archiméritée. Nicollin pétrit Mézy comme du bon pain, oubliant presque qu'après Nouzaret il tente de lui balancer dans les pattes Jean Fernandez, entraîneur de Cannes, ce qui ne contribue pas à le rapprocher de son entraîneur.
Dans leur retraite provençale, les joueurs du RP1, condamnés depuis une semaine à évacuer la première division, ont tout vu. Et tout entendu. Notamment Georges Frèche, maire de Montpellier, pavoiser en parlant de la Coupe d'Europe reconquise. Ils n'ont pas aimé. Pas du tout.
Alors, ils vont gravir leur Everest. L'exploit est sensationnel. Ses auteurs s'appellent Aïd, Milojevic, Thétis, Blondeau, Dangbeto, Jumel. Fils d'une famille de neuf enfants, Abdelmajid Aïd a débuté dans le football à 13 ans, à Choisy, où il déjeune encore tous les jours chez ses parents, cité du parc Maurice-Thorez. C'est lui qui, avec Créteil, a marqué en 1988 le but qui éliminait de la Coupe le richissime Matra. Michel Milojevic est un globe-trotter. Il a joué à Sochaux, à l'AS Brest, au Stade brestois, à Dijon, à Fulham en Angleterre, dans l'équipe du Lido, mais oui, et à Créteil.
Avec l'aide de leurs équipiers, ils vont bouleverser la planète foot. Deux fois, l'OM prend l'avantage par Germain d'entrée de jeu et par Sauzée en seconde période. Deux fois, le RP1 revient ; par Bouderbala et Milojevic, dont un coup franc est dévié dans le but par le mur marseillais à la quatre-vingt-troisième minute. Il reste deux minutes quand Aïd, propulsé par Bouderbala, trompe Rousseau une troisième fois. Pascal Olmeta incrédule tombe à la renverse, comme évanoui. Devant sa télé, Louis Nicollin frise l'apoplexie.
Une semaine plus tard, la finale vaut plus par son écrin que par son contenu. Les « nœuds pap » roses des joueurs du Racing, clin d'œil à leurs collègues rugbymen sacré champions de France le samedi précédent, ne suffisent pas à donner de la couleur à l'événement. Ce sont bien le treizième et le dix-neuvième du classement qui s'affrontent. Encore sous le choc de son exploit marseillais, le RP1 ne joue pas son rôle de challenger.

SOIR DE FINALE DU PARC
Tonton et nœuds pap...

Devant tant de vacuité, on tremble à l'idée d'un remake cinq jours plus tard. La prolongation apporte sinon la qualité, en tout cas l'émotion. On joue, on déjoue plutôt, depuis cent deux minutes quand Laurent Blanc tire un coup franc. La balle rebondit sur le poteau puis sur le bras de Pascal Olmeta avant de pénétrer dans le but. Un but de raccroc bien à l'image du match.
Le gardien parisien a compris que ce ne serait pas sa soirée. Il s'incline de nouveau cinq minutes plus tard. Kader Ferahoui conclut en force un contre rondement mené. La tête de Ginola qui réduit le score et les chevauchées désespérées d'Olmeta n'y feront rien. Montpellier conquiert l'Europe tandis que son président, bouffi à force d'être oppressé, esquisse un petit pas de danse.
Embrassons-nous, folle ville ! Frèche et Nicollin se bécotent comme des amoureux. Mézy et Nicollin s'empoignent comme des forts des halles. Et Loulou descend de son gros nuage pour doubler la bise qu'il avait déjà faite à François Mitterrand avant la rencontre.
Cette joie n'est que façade. Un joli rideau vite déchiré. A trois heures du matin, Nicollin se retrouve tout seul pour faire la fête. Les joueurs l'ont abandonné. Ils ont choisi Mézy. Le mercredi suivant, ils « oublient » de se rendre à une cérémonie à la mairie. Dans la soirée, ils se retrouvent tous chez Mézy. Qui, dans la foulée, annonce qu'il part pour Nîmes. Ni banc, ni diplômes. C'est sa devise.
« Je sentais le coup venir, dit Nicollin. C'est pourquoi je n'ai pas fait la fête comme je sais la faire après la victoire. Ce qui vient de se passer est inexplicable et restera sans doute inexpliqué. » Avant de fournir involontairement cette fameuse explication, en ajoutant : « Dans mon club, c'est aux autres de se plier à ma volonté ; à tous les autres. »
Privé de son pote d'entraîneur, coupé de ses joueurs, lâché par Cantona, Loulou de La Paillade, triste et désabusé, s'en va seul vers l'Europe.

CANTONA AVEC NICOLLIN
La dernière séance

LAURENT BLANC PRUDENT
Fesses serrées, peur au ventre

Les chemins de traverse

Le football est beau, le football est grand, le football est la joie du monde. Il arrive cependant que ceux qui en vivent, que ceux qui l'aident à vivre soient pris dans des tourbillons qui les dépassent. Il arrive que la rubrique foot devienne celle des faits divers. Il arrive que les hommes soient faibles, odieux, inconscients, irresponsables, merveilleux. Humains. Simplement humains.

Touche pas à mon Gigi

Incomparable pour flairer les bons coups sur le terrain, Alain Giresse a été moins heureux dans ses investissements. Il a confié ses intérêts à Michel-Henri Ledoux, qui en a fait son associé dans *Ideal Sport,* un groupe comprenant une vingtaine de sociétés d'articles de sport centrées sur le ski. Giresse a emprunté 3 millions pour combler le déficit de la société. Et il s'est porté caution à hauteur de 2, 5 millions d'un emprunt bancaire effectué par son ami. Malheureuse décision.
Car il ne neige plus, malheureusement.
Les affaires s'affaissent. *Ideal Sport* dépose son bilan et le pauvre Giresse, tenu par son engagement, est prié de passer à la caisse.
La recette de son jubilé est saisie. On est encore loin du compte. Gigi, redevenu salarié de Claude Bez, n'a pas fini de payer.

Des maux pour Mo

Il ne voulait pas rester à Nantes. Alors, il avait signé au Celtic de Glasgow, son club. Le contrat fut annulé. Alors il signa aux Rangers.
Que n'avait-il pas fait là, Mo Johnston ?
A Glasgow, on est catholique et Bhoy, c'est-à-dire supporter du Celtic, ou l'on est protestant et Ger, c'est-à-dire supporter des Rangers. Mais on ne peut pas être l'un *et* l'autre. C'est impossible, irrationnel, criminel.
Des torrents de haine s'abattent sur le pauvre Mo, en même temps que des menaces de mort qui l'obligent à s'entourer de gardes du corps.
Il ne parle plus. Il n'est qu'un *bastard,* un sale mercenaire prêt à vendre son âme pour du fric.
Au Celtic, on le vomit. Aux Rangers, on le honnit.
« Nous haïssons Maurice Johnston », portent en inscription les tee-shirts des Bhoys. Et des Gers déchirent leur carte de supporter. La guerre de religion bat son plein. Elle finira par se calmer.
Avec Johnston qui marque 15 buts, les Rangers sont champions. Le Celtic est à 17 points.
Et si Johnston avait contribué à diminuer l'insondable bêtise des hommes ?

Le drôle de shoot d'Anziani

Le 30 septembre 1989, Philippe Anziani joue à Metz. Le 24 octobre, il apprend que son contrôle antidopage est positif. La contre-expertise confirme. Le Toulonnais s'explique : « Dix jours avant le match, j'ai mangé chez un oncle. Comme j'avais mal au dos, il m'a donné un médicament en me disant : "Ça fait dormir, mais ça fait du bien."
Anziani a avalé deux gélules de *Di Antalvic,* un médicament vendu sur ordonnance, contenant du dextropropoxyphène, à vos souhaits, et figurant depuis juin 1989 sur la liste des produits interdits.
Il est condamné à un mois de suspension ferme.
« J'ai vraiment l'impression d'avoir tué quelqu'un, se lamente-t-il. Comment peut-on affirmer que je me suis dopé ? »
Son entraîneur, Roland Courbis, qui a le sens de la formule, déclare : « Si j'ai un dopé dans mon effectif, je le vire. Si en plus il se dope en prenant un somnifère, je le conduis à l'asile. »
Anziani l'endormi purgera sa peine et restera pour l'histoire le premier dopé du football français.

Un maroquin pour le Pelé blanc

A 37 ans, Zico de Flamengo, qui a inscrit 729 buts dans sa carrière, dispute son jubilé à Maracana. Sa retraite sera douce. En tout cas, il le croit. Il ignore que le nouveau président de la République,

BERNARD TAPIE A LA LIGUE
Les affaires reprennent

Fernando Collor de Mello, cherche un secrétaire d'État aux Sports. Il lui propose le poste.
Zico accepte.
« Les journalistes m'appellent Monsieur ; ça me fait mourir de rire, dit-il. Je vais pouvoir mettre en pratique les idées que j'ai défendues tout au long de ma carrière de joueur et promouvoir le sport de masse. J'entreprends un travail de longue haleine. Je veux relancer le championnat de football des terrains vagues. On me promet des problèmes avec la bureaucratie mais ça ne me fait pas peur. »
M. Arturo Antunes Coimbra a bien mérité de sa patrie.

Un Tapie pour Charasse

A-t-il demandé le rendez-vous ? A-t-il été sollicité par le cabinet du ministre ? Ses déclarations sont contradictoires. Une certitude, en revanche : le 27 mars 1990, Bernard Tapie, député et président de l'OM, entre dans le bureau de Michel Charasse, ministre du Budget.
« J'ai des choses à dire sur l'enrichissement de certains dirigeants sur le dos de leur club, a-t-il prévenu. Certains fraudent le fisc. On surpaye des commissions à de prétendus hommes d'affaires et le tour est joué ; on ramasse tout en aval. »
L'intervention de Bernard Tapie déplaît profondément à Jean Fournet-Fayard et à Jean Sadoul, qui savent que des contrôles fiscaux se déroulent dans de nombreux clubs, pour la bonne raison que c'est eux, en liaison avec le secrétaire d'État aux Sports Roger Bambuck, qui les ont demandés.
Au mois de juin, après une assemblée générale des clubs au cours de laquelle Claude Bez accuse Bernard Tapie de tentative de corruption sur Sénac, Cabanas et Fournier, avec, pour ce dernier, enregistrement pirate à la clé, Michel Charasse se fâche. Il ne digère pas une petite phrase d'un Jean Sadoul innocent comme l'enfant au sortir du ventre de sa mère : « Si j'ai le sentiment que le foot triche, je partirai. »

ANZIANI, PREMIER «DOPÉ»
Avec un somnifère...

« Des dirigeants semblent vivre aux frais des clubs, révèle le ministre. Tout n'est pas déclaré ; de l'argent franchit les frontières. Tout sera révélé après les vacances. » La rentrée s'annonce très chaude.

Bell et les goujats

Joseph-Antoine Bell a le cœur sur la main et la générosité à fleur de peau. Le 21 mai 1986, alors gardien de l'OM, il fonde l'association « Grand frère, petit frère », avec un compatriote nommé Phill Mac Koy. Un seul but pour Bell : organiser des stages de football en France pour des jeunes Africains. Un seul but pour Mac Koy : détourner à son profit l'argent de l'association. En imitant la signature de son président.
Mac Koy est démasqué, arrêté, emprisonné cinq mois, libéré sous contrôle judiciaire. Puis il disparaît, laissant Bell face à ses dettes : 6 millions de francs que le gardien de but paye régulièrement et sans se plaindre.
Seulement, voilà qu'il devient bordelais, voilà que Bordeaux menace Marseille en tête du championnat et voilà que le 20 décembre 1989, l'OM porte plainte contre Bell. « Non, dit-on à Marseille, où l'on joue les offensés, ce n'est pas parce que Bell a combattu Bernard Tapie après avoir été son ami, ce n'est pas non plus parce qu'il est bordelais ; c'est simplement parce que nous avons versé à l'association un chèque de 50 296 francs, que nous faisons partie de ceux qui ont été floués et que nous craignons d'être inculpés pour complicité d'escroquerie. »
Le 14 mai, Bell se présente spontanément à Marseille devant le juge en vue de sa propre inculpation, « pour en finir avec une instruction qui dure depuis trois ans ». De quoi vous rendre éternellement égoïste.

Courbis à qui gagne perd

Le 28 mars 1990, Roland Courbis n'est pas au stade comme tous les jours. Convoqué par la police, il répond aux questions des enquêteurs dans le cadre d'une affaire d'escroquerie au jeu concernant le casino de Palm Beach à Cannes. Sa garde à vue dure quarante-huit heures. Il en ressort inculpé d'infraction à la législation sur les jeux. Courbis n'a jamais caché sa passion pour les tapis verts. Le 31 décembre 1988, à Beaulieu-sur-Mer, il a raflé 1, 7 million de francs. Au Palm Beach, il aurait plusieurs fois gagné encore plus.
« On se croit costaud, dit-il, mais là, on n'est rien. Il y a trois personnages dans Courbis, l'homme, le directeur sportif et le joueur, ce qui ne constitue ni un secret ni une honte. A mes yeux, il ne faut surtout pas faire l'amalgame. »
Mais qui donc a parlé de le faire ?

Le Rocher brisé

Sept ans de réflexion. C'est ce qu'il a fallu à la justice française pour se décider à ouvrir le procès de la caisse noire des Verts. L'affaire a éclaté un 1er avril. En 1982. Le 16 novembre suivant, Roger Rocher est inculpé d'abus de confiance, d'abus de biens sociaux, de présentation de faux bilans, de faux en écriture privée et de commerce, de recel, de fausses déclarations dans la constitution d'une SARL. Ce qui suffit largement pour décrocher un séjour de quatre mois à la prison Saint-Joseph de Lyon.
Roger Rocher ne s'est pas présenté seul devant le tribunal. Avec lui, un entraîneur, Robert Herbin, six dirigeants, trois intermédiaires et dix joueurs parmi lesquels Platini, Larios, Lacombe, Zimako. Si tous se sont mis en règle avec le fisc, la justice ne les a pas pour autant oubliés.
Plus de 22 millions de francs ont transité par la caisse noire entre 1978 et 1982. D'après les documents retrouvés, 15 millions en sont ressortis. Le tribunal essaie dix jours durant, mais en vain, de savoir ce qu'il est advenu des 7 millions manquants.
Roger Rocher plaide coupable : « Si j'avais dit non, il n'y aurait jamais eu de caisse noire. » Clément avec les joueurs, le procureur réclame 3 ans de prison, dont deux avec sursis, pour le président déchu. Le 29 juin 1990, la sentence tombe. Terriblement lourde. Roger Rocher est condamné à quatre ans de prison dont trente mois avec sursis et 200 000 francs d'amende ; Robert Herbin à six mois avec sursis et 120 000 francs d'amende ; Michel Platini à quatre mois avec sursis et 300 000 francs d'amende. Les neuf autres joueurs écopent aussi de quatre mois avec sursis et d'une amende. Toutes ces peines seront amnistiées dès paiement des amendes. Sauf celle du vieux président, car elle est supérieure à 12 mois avec sursis. Accablé, brisé, Roger Rocher fait appel, ce qui lui permet de repartir libre du palais de justice. Cette justice à laquelle il doit encore quatorze mois d'emprisonnement.

MO JOHNSTON AUX RANGERS
Une guerre de religion

RÉMI GARDE (A GAUCHE) CONTRE ALLOFS
Cœur de Lyon

La distribution des prix

Il y a les premiers, flambant dans leurs beaux habits. Puis les cancres, dont on tire gentiment l'oreille, sous un bonnet d'âne. Chaque année, ils sont vingt. Vingt élèves, fidèles à la distribution des prix. On les regarde avec admiration, respect ou indulgence, mais aucun ne nous laisse indifférent. Les notes ne sont pas toujours bonnes, bien sûr, mais les intentions l'étaient.
Et puis, on sait que dans le foot, rien n'est jamais figé, définitif. Un jour, les derniers seront peut-être les premiers. Déjà, une autre saison a commencé...

18/20 Marseille

Champion de France, demi-finaliste de la Coupe d'Europe et de la Coupe de France : ce bilan de fin de saison ferait rêver n'importe quel président. Mais pas Bernard Tapie, qui avait mis sur pied la plus grosse équipe de club jamais constituée dans l'Hexagone.
Un nouveau titre de champion apparaît même comme un minimum aux yeux du célèbre industriel-député-président, qui n'a pas hésité à bouleverser une fois encore son effectif, l'été 1990, dans sa quête d'un trophée européen restant l'objectif suprême.
La saison 1989-1990 laissera tout de même un bon souvenir. Celui d'une équipe qui a fait vibrer le public du Vélodrome et rempli tous les stades de France, par son sens du spectacle et son efficacité offensive (75 buts en championnat, meilleur score depuis sept ans).
Deux hommes ont symbolisé cet OM conquérant: Jean-Pierre Papin, qui a atteint pour la première fois la barre des 30 buts, et Chris Waddle, qui a accompli une deuxième moitié de saison époustouflante. Un grand buteur, un merveilleux dribbleur : il y avait du Skoblar-Magnusson dans ce duo-là.

15/20 Bordeaux, Monaco

Les Bordelais de l'automne 1989, impressionnants de maîtrise, de rigueur et d'efficacité, méritaient mieux. Les Girondins du printemps, laborieux, poussifs et usés, ne valaient même pas la moyenne. On leur donne néanmoins 15, car grâce à eux, il y a eu match. Les Marine et Blanc ont été les seuls à tenir tête aux Marseillais, longtemps. Après la calamiteuse saison 1988-1989, les Girondins avaient refait du neuf avec des vieux: le roublard et connaisseur Raymond Goethals, sur le banc, et une solide bande de trentenaires, sur le terrain (Bell, Battiston, Pardo, Allofs, Den Boer). C'était un « coup », ponctuel. Il a failli réussir. Avec une organisation modèle, et un Jean-Marc Ferreri au top, les Bordelais ont longtemps tenu tête à leurs rivaux phocéens, avant que la fatigue ne les cloue dans la dernière ligne droite. L'Europe était cependant au bout de ce parcours à deux vitesses.
Champion de France des blessures depuis 1988, Monaco a de son côté dû faire sans son inspirateur et maître à jouer, Glenn Hoddle, perdant du même coup en créativité et force de frappe.
L'équipe de la Principauté a néanmoins tenu la route grâce à la meilleure défense du championnat (24 buts encaissés en 38 matches), articulée autour d'un Jean-Luc Ettori au sommet de son art.
Faute d'Anglais, l'Argentin Ramon Diaz et le Libérien George Weah ont également apporté leur contribution offensive à l'ASM, demi-finaliste européen pour la première fois de son histoire.

14,5/20 Auxerre

L'Europe a également animé la saison d'Auxerre, invité de la dernière heure. Cinq tours (Dynamo

L'OM DE TAPIE
Toujours plus !

Zagreb, Apollonia Fier, Rovaniemi, Olympiakos, Fiorentina), dix matches et une élimination sans honte devant Roberto Baggio et les siens ont même permis à l'AJA d'écrire les plus belles pages de son histoire.
La formation de Guy Roux a certes payé ses efforts en championnat où, début mars, elle ne comptait qu'un point d'avance sur le barragiste. Mais, dès la défaite florentine consommée, Bruno Martini et ses hommes ont aligné huit victoires d'affilée pour terminer finalement en bonne compagnie.
Avec une mention spéciale pour Enzo Scifo, auteur d'une splendide saison auxerroise, qu'il a d'ailleurs confirmée au Mondiale.

13,5/20 Lyon

Un retour remarqué parmi l'élite, avec six victoires à l'extérieur, notamment contre Paris SG, Auxerre et Marseille – rien que ça ! – et des promesses à tous les coins de pelouse.
Les jeunes pousses de Raymond Domenech et Bernard Lacombe ont confirmé toutes leurs qualités, à l'exemple de Rémi Garde, chef de file de cette génération et nouvel international.
Avec un public nombreux, de bonnes structures, des techniciens avisés et quelques recrues de choix, l'OL a tout pour faire partie, durablement, de l'élite du foot français.

12,5/20 Sochaux, Montpellier

Quatrièmes en 1990 comme en 1989, les Lionceaux ont confirmé leur régularité et participé jusqu'au bout à la course à l'Europe, échouant finalement d'un rien.
Il leur a peut-être manqué un Stéphane Paille de niveau... sochalien, que l'Espagnol Paco Carrasco,

PARDO FACE A BLANC
Un bon cru bordelais

dans un autre registre, n'a pu faire oublier.
Montpellier a, en revanche, complètement raté son championnat, assurant son maintien à... l'avant-dernière journée grâce à une parodie de nul contre Monaco.
Le limogeage d'Aimé Jacquet, le départ précipité de Stéphane Paille, le rappel de Michel Mézy et le passage de Laurent Blanc au poste de libéro ont jalonné un parcours décevant, marqué par une insigne faiblesse en déplacement.
Heureusement, il y a eu la Coupe, qui a sauvé la saison de Montpellier, et... la note dans *le Livre d'Or*. Sans oublier la performance d'Éric Cantona, dont la saison fut exemplaire à bien des égards.

12/20 Racing P1

La Racing P1 devant le Paris SG? Non, ce n'est pas une plaisanterie. Après le retrait de Matra et le départ des stars, on promettait l'enfer aux jeunes Parisiens. Or, ils ont non seulement été à deux doigts, deux points de se maintenir, mais ils se sont de surcroît hissés en finale de la Coupe, en éliminant Bordeaux et Marseille...
Pour leur cœur, leur cran et parfois leur talent, pour un Pascal Olmeta n'oubliant jamais le spectacle, les Ciel et Blanc méritaient reconnaissance et considération, même si le club a ensuite plongé jusqu'en division 3.

11,5/20 Brest

Un retour très honorable parmi l'élite, sanctionné par une méritoire dixième place. La saison avait pourtant très mal commencé pour les promus bretons, seuls derniers après douze journées.
Mais Roberto Cabanas et ses coéquipiers ont remarquablement réagi, alignant les bons résultats au stade Francis-Le Blé, où ils ont notamment épinglé Bordeaux (2-0) et Marseille (2-1).
Les Brestois ont cependant failli plonger pour des motifs financiers, avant qu'un montage ne les sauve. Sur la ligne.

11/20 Nantes, Toulouse

Une note moyenne pour une saison moyenne. Les Canaris rêvaient d'Europe, mais n'ont jamais pu prendre leur envol, devant même, à l'automne, mettre Didier Deschamps dans l'avion de Marseille. Le (mauvais) coup passa si près que la tête de Miroslav Blazevic en vacilla, plusieurs fois. Une septième place finale a néanmoins sauvé les apparences. Et le coach.
Les Toulousains, eux, ont effectué un parcours on ne peut plus moyen, résumé par les chiffres : treize victoires, treize défaites, trente-neuf buts marqués, et autant d'encaissés.
Seul Beto Marcico a apporté un peu d'éclat à cette saison en demi-teinte, au cours de laquelle le « téfécé » a même battu un triste record: 819 minutes sans but, entre le 17 décembre et le 31 mars. Les violettes étaient bien fanées.

10,5/20 Caen

Le Stade Malherbe s'est une nouvelle fois sauvé. C'est bien là l'essentiel, même si les Normands se sont donné deux entraîneurs – Nouzaret, Jeandupeux – et bien des frayeurs pour en arriver là.
Une fois encore, Fabrice Divert (15 buts) a été le grand bonhomme de son équipe, signant notamment le but du maintien face au RP1, courant mai, devant le public exemplaire de Venoix, qui mérite bien une équipe en D1.

10/20 Paris SG, Cannes

Une déception. Après la première saison Ivic, les Parisiens ont connu les lendemains qui déchantent : système frileux jusqu'à l'excès, joueurs usés par une tactique guère économique, effet de surprise passé et désaffection notable du public.
Pour ne rien arranger, Yvon Le Roux a été indisponible dès octobre, et Zlatko Vujovic n'a pas justifié son coûteux transfert.
Le Paris SG doit une revanche, après cette piètre saison dont l'« apothéose » restera l'élimination en Coupe par une équipe mixte de Valenciennes.
Une maille à l'endroit, une maille à l'envers.
Une « perf » à la maison, et un raté à l'extérieur : Cannes, seul club hexagonal invaincu à domicile, a alterné le bon et le moins bon tout au long de la saison, pour un bilan final globalement décevant compte tenu du recrutement accompli.

9,5/20 Saint-Étienne

On a aimé les Verts généreux et fair-play souvent rencontrés aux quatre coins de l'Hexagone.
On leur a pardonné une certaine naïveté, rançon de cette candide jeunesse. Mais on a moins apprécié les ratés de la fin de saison – Coupe mise à part –, les dissensions internes et le renvoi de Robert Herbin, qui ont refait de l'ASSE un club tristement ordinaire.

9/20 Toulon

Peu de buts, peu de spectacle, guère de résultats : le public varois s'est une nouvelle fois ennuyé à Mayol, où le Sporting a abandonné la bagatelle de quatorze points en championnat, et s'est fait sortir par Valenciennes en Coupe.
Le réveil du Yougoslave Milos Bursac après la trêve n'a pas suffi à colorier une affiche un peu fade.

Même Roland Courbis a exprimé le désir de changer de rôle.

8,5/20 Metz

Le plus petit nombre de victoires (8), le plus grand nombre de nuls (18) et la plus anonyme des saisons : on ne s'est pas davantage amusé au stade Saint-Symphorien, même si plusieurs grands y sont passés à la trappe. Auxerre, Sochaux, Monaco et Marseille, entre autres.
Le reste, hélas! n'avait pas la même saveur.
Pour voir des buts et du spectacle, il fallait plutôt descendre d'une division et de 60 kilomètres, sur l'A 31. Direction Nancy...

8/20 Lille, Nice

Après l'embellie de 1988-1989, le LOSC est vite retombé dans la médiocrité, faute de savoir voyager. Souvent irrésistible à Grimonprez, l'équipe nordiste s'est en effet montrée la plus mauvaise de France en déplacement, avec quatre points pris dans sa saison. C'est dommage pour Abedi Pelé, dont le talent a reçu une éclatante confirmation sous le maillot lillois.

Pour Nice, l'homme providentiel s'est appelé Robby Langers. Ayant totalisé dix-sept buts dans sa saison, pourtant écourtée par une blessure, le Luxembourgeois a remis ça en barrages, marquant à cinq reprises contre Strasbourg : une fois à la Meinau, et quatre au stade du Ray.
Langers a donc joué les sauveurs pour l'OGC Nice, qui a eu toutes les peines à surmonter les départs de Daniel Bravo et d'Éric Guérit, et a navigué en permanence dans la zone rouge, appelant Carlos Bianchi à la rescousse, à l'automne.

7/20 Mulhouse

Le FC Mulhouse est très vite retourné d'où il venait: en division 2. La formation alsacienne avait pourtant pris le problème par le bon bout, atteignant la trêve en dix-septième position avec une balance de buts à peine déficitaire (-4).
Las, Franck Priou et ses coéquipiers n'ont pu respecter ce tableau de marche après la reprise, enlevant en tout et pour tout deux victoires lors des quinze dernières journées.
Strasbourg battu en barrages, Mulhouse relégué : en D1, l'Alsace a donc disparu de la carte de France.

ROUSSET ET SIMBA
Mauvaise note...

L'appel du 18 juin

Max Bouyer tremble légèrement, en composant le numéro de téléphone de son correspondant. En ce 18 juin, il sait qu'il joue gros. Trois jours plus tôt, le président nantais avait déjà pris contact avec le même interlocuteur. Il était alors moins nerveux. L'idée lui avait été soufflée par Michel Hidalgo, mais il ne la prenait pas véritablement au sérieux. Il appelait plutôt pour avoir la conscience tranquille, pour être certain de ne pas passer à côté de la chance de sa vie.
« Allo ! Max ? c'est Max. » Et tandis que Bouyer fait le max, le grand Max commence à avoir le masque.
Bouyer : « Je lui ai dit que nous avions un terrible problème. Que nous n'avions pas trouvé de libero. Qu'il était l'homme de la situation. »
Bossis : « Au début j'ai souri ; j'ai cru à un gag. »
Bouyer : « Il était très réticent. Alors, j'ai insisté, en choisissant bien mes mots pour lui parler d'un club qui était le sien, d'une ambiance qui n'avait rien à voir avec celle qu'il avait connue au Matra. »
Bossis : « Il m'a bien fallu une heure pour y voir clair. J'étais sous le choc. Au début, je ne voulais pas regarder la réalité en face. »
Trois jours plus tard, le 18 juin au matin, l'index de la main droite de Max Bouyer tremble donc légèrement quand à l'autre bout du fil une main décroche :
« Bonjour, Max.
– Bonjour, Max.
– Alors, Max ?
– OK Max ; banco. Mais pour un an, pas plus. »
Le cœur de Max Bouyer fait des bonds. Il réussit le plus incroyable transfert de l'histoire des transferts, en faisant signer un joueur de 35 ans et de nulle part. Un dribble extérieur-intérieur pour pas un centime et un salaire raisonnable.
Maxime Bossis lui-même n'a pas véritablement trouvé les mots pour expliquer son revirement. Parce que, dans sa décision, l'irrationnel

NANTES-BORDEAUX, JUILLET 1990
C'est reparti pour un tour

MAXIME BOSSIS ET BATTISTON
Capitaines au long cours

et le rationnel s'imbriquent tant qu'on se trouve face à une logique illogique. Face à une situation en somme parfaitement identique à celle qu'il avait créée, cinq ans plus tôt, en signant au Matra de Jean-Luc Lagardère pour jouer en seconde division. Ayant été le premier grand footballeur à donner son accord à un grand industriel, au risque d'enterrer à la fois sa carrière nationale et internationale, il était normal qu'il soit le premier ancien grand footballeur à sortir d'une situation dans laquelle – et le détail est d'importance – il s'était installé de son propre gré.
C'était au début d'une retraite dorée, en octobre 1989. Maxime Bossis, devenu agent immobilier au sein d'une société dont il est l'unique salarié, se livrait à son confident préféré, Jean-Marie Lorant, de *France-Football.*
Morceaux choisis : « L'après-football se déroule comme je le pensais. C'est-à-dire sans problèmes. J'ai une vie tout à fait heureuse à Nantes... Je ne renie pas ce que j'ai connu avec le football et grâce au football mais j'ai coupé avec le milieu... Ma décision ne me laisse aucun regret. J'avais le choix et, pendant huit jours, au mois d'avril, j'ai failli dire : « Je continue un an ou deux, pour ne pas finir sur une note triste au Matra... » A 34 ans, être demandé par le Paris SG et Bordeaux, c'est quand même bien. Sportivement, les Girondins m'attiraient... En arrêtant, j'ai refusé beaucoup d'argent. Si je n'avais pas eu d'argent, si j'avais fait l'imbécile au cours de ma carrière, peut-être aurais-je continué. Peu de joueurs peuvent dire à la fin de leur carrière : « Si je veux, j'arrête de travailler. » Moi, je peux le dire. Si tout se passe bien, je peux vivre sans travailler. »
Enfin, quand on lui avait demandé ce qu'il ferait si, par hasard, on le sollicitait pour rejouer, il avait répondu : « On sait que je ne suis pas intéressé, que c'est terminé. Je préfère être maître de ma vie. Le football n'a pas besoin de moi et je n'ai pas besoin de lui. J'ai fait mon temps. Il faut savoir tourner la page. »
Croire que Bossis mentait en parlant ainsi serait une grossière erreur. La vérité est beaucoup plus subtile. Longtemps Maxime Bossis, homme de la terre plus que paysan, réfléchi plus que silencieux, a offert une image ne correspondant pas vraiment à ce qu'il était. Ses quelques dons pour le football l'avaient fait basculer par hasard dans un milieu artificiel dont les centres d'intérêt n'étaient pas toujours les siens. Effacé et parfois mal à l'aise, il avait su, sans avoir à se forcer, rester ce qu'il était. Un modeste, continuant à vivre en phase avec un monde extérieur dont il n'avait jamais voulu se couper.
Ce qui passait pour un manque de personnalité n'était que la marque d'un parfait équilibre intérieur dans un microcosme où la démesure – parfois même l'extravagance – est la règle absolue. Sans doute l'attrait de l'argent l'avait-il aidé

à basculer dans le camp de Matra. Son geste restait pourtant un acte de courage. Il ne pouvait pas encore imaginer à quel point. Édifiée par son président, entretenue par son entraîneur portugais, la chape de plomb pesait très lourd sur les épaules de ce capitaine qui se trouvait, par sa fonction et son prestige, au confluent de tous les conflits, qui furent nombreux. Pourtant, il s'était sorti de toutes les situations délicates avec dignité, même si parfois il lui avait fallu aller contre sa nature en élevant la voix pour son bien et celui de ses camarades.
C'est dans cette mouvance psychologiquement épuisante qu'il avait sereinement programmé une sortie qui n'était rien d'autre qu'un retour à l'air libre, après une longue période d'apnée. Il en avait fixé la date, inamovible, comme l'est la saison des moissons. Pourtant, ses adieux étaient aussi une espèce de fuite. Il le disait implicitement. Il le reconnut explicitement, quand il décida d'enfiler de nouveau le maillot jaune : « Après ce qui s'était passé au Matra, j'étais peut-être habité par un sentiment d'inachevé. Là, dans mon subconscient, l'envie de rejouer une dernière fois se dissimulait. Sportivement, je me suis ennuyé à Paris. Les deux dernières années, je me suis même traîné. Je me demande comment j'ai pu tenir. »
Cette question qu'il se pose encore, c'est déjà sa réponse à Max Bouyer. Il dit oui car il sait que personne ne pensera que c'est par vénalité. Il dit oui parce qu'il en a envie, pas par besoin. Il dit oui parce qu'il sait aussi qu'en pleine période de Mondiale la bombe qu'il lance ne fera pas grand bruit.
Nettoyé dans sa tête, préservé dans son corps, il n'a besoin que de l'exemple de Roger Milla, qui enflamme alors la planète par ses exploits retentissants, pour basculer dans un grand inconnu dont il feint de tout savoir :
« Les performances de Roger m'ont donné du courage. Ce qu'il a réalisé est extraordinaire. Moi, je n'ai que 35 ans et je vais jouer libero dans un championnat qui n'a tout de même pas le niveau de la Coupe du Monde. Je ne crains rien. »
« Bossis est une star », disait, hilare, Max Bouyer, une fois l'affaire conclue. Faux. C'est justement parce que l'homme aux soixante-seize sélections est le portrait craché de l'anti-star qu'il a pu prendre tranquillement et librement sa décision. En toute simplicité. Et sans choquer.

ADIEUX DE ROCHETEAU ET DE BOSSIS
La fin d'une époque

Mais l'équipe de Michel Le Milinaire a dû, cette fois, s'incliner. Elle n'imposait même plus sa loi au stade Francis-Le-Basser, jadis redouté par tous les visiteurs. Pire : sans son gardien Pascal Rousseau, opéré à un genou, elle a subi une terrible déroute, le dernier jour, à Lille, 8-0... Ça devait arriver. Mais cela nous a rendu triste. Elle est retombée, lamentablement, dans un océan d'indifférence.
Les résultats sont restés inversement proportionnels au budget, qui n'avait jamais pu acheter l'essentiel : une âme.
Le groupe Matra s'est donc retiré sur un échec cuisant. Courageusement, les joueurs ont au ... leur place en

«LIVRE D'OR DU FOOTBALL 89», PAGE 133
C'était son match d'adieu...

Tout ce que vous avez voulu savoir sur le Mondiale sans oser le demander

Il y a les matches, les résultats, les vedettes, les lauréats. Puis toutes ces petites choses qui font une Coupe du Monde. Ces images et ces mots pris sur le vif, ces drames et ces émotions qui jalonnent toute aventure humaine. Pendant un mois, le globe a vécu au rythme d'une sphère, d'un ballon de cuir qui n'a pas toujours tourné dans le bon sens. Mais, jour après jour, il est toujours resté une petite place pour le jeu, la joie. Carnet de bord d'un voyage en ballon.

BUT D'OMAM BIYIK CONTRE L'ARGENTINE
Grosse surprise d'entrée

FUJI FILM

Vendredi 8 juin

C'est vendredi, un jour de la Saint-Médard. Sale affaire, avec cette pluie qui n'a pas lâché Milan depuis le début de la semaine. Mais le foot réussit parfois des miracles. Trois heures avant l'ouverture, le soleil déchire enfin ces nuages. Il ne voulait pas rater le coup d'envoi.

Tout est prêt pour la grande fête. Les derniers peintres, menuisiers, ouvriers ont donné de la brosse, de la scie, enfoncé les derniers clous à grands coups d'heures sup.

Il ne reste qu'un ciel, tout bleu. Un stade, superbe. Et une scène, avec la terre entière pour parterre. Plus ce refrain, que fredonnent toutes les stars : « To be number one. »

Le premier match oppose l'Argentine, tenante du titre, au Cameroun. Avec Michel Vautrot au sifflet, mais sans Joseph-Antoine Bell, qui a perdu sa place pour être parti en chasse. « On ne prépare pas un Mondiale dans des villages yougoslaves, sur des terrains dignes d'un parking », avait accusé le gardien bordelais, deux jours plus tôt. Le parking lui coûte une voie de garage.

Maradona, lui, est bien là. Quatre ans après le triomphe de Mexico. On l'avait quitté avec une Coupe du Monde dans les mains, on le retrouve avec un ballon dans les pieds, soliste d'exception pour la Scala du foot.

Mais ses pieds sont meurtris, par tous ces coups reçus faute d'avoir trop donné. Diego doit jouer avec une protection en fibre de carbone, et se sait diminué. Même si, pour l'occasion, il s'est refait une taille fine, une Coupe du Monde.

Alors, les Camerounais y croient. Dans les vestiaires, à l'arrivée des Argentins, ils se mettent à chanter à tue-tête, à crier comme des fous. Encore, et encore. Les Sud-Américains sont surpris assurément. Ébranlés, peut-être.

Sur le terrain, l'ogre a effectivement des jambes de flanelle. Et la foule a les yeux de Chimène, pour ces gars venus de Yaoundé, de la D2 française. Or, non seulement le Cameroun résiste, mais fait mieux que se défendre.

Après la pause, il écrit même de ces pages dont se nourrissent les légendes. Kana Biyik est exclu, nouvelles consignes obligent. Mais son frère, Omam Biyik, le venge, quatre minutes plus tard, d'une prodigieuse détente aérienne. Pumpido commet une « Arconada », le ballon rentre, San Siro explose. Les champions du monde ne reviendront pas...

Le Cameroun finit à neuf, après un nouveau carton rouge à Massing, rendant plus humiliante encore la défaite de l'Argentine, sous les yeux de son Président Carlos Menem. Maradona sort, tête basse, accompagné par les sifflets sans pitié d'un Nord hostile. « Grâce à moi, l'Italie a au moins prouvé qu'elle n'était pas raciste », dira-t-il.

Le Mondiale commence par une énorme surprise. Énorme, comme le gâteau qui attend les héros, à l'hôtel Palacio de Varese, avec ces simples lettres en sucre : *Cameroun 1/Argentine 0*. « Le coup de pied au culte », titrera *France-Soir*.

MARADONA SIFFLÉ, BATTU, HUMILIÉ
Le coup de pied au culte

Samedi 9 juin

Le groupe B a commencé par une bombe. La deuxième saute à Bari. Dans la chaleur du Mezzogiorno, la Roumanie fait encore monter la température de quelques degrés.

L'URSS commence bien, mais Lacatus termine mieux. En l'absence d'Hagi, suspendu, le n° 7 roumain joue les buteurs : un tir, qui coûtera sa place à Dassaev, puis un penalty, sifflé pour une main de Khidiatouline hors de la surface, et l'affaire est dans le sac (2-0). Pour l'équipe soviétique, qui sent la fin de génération, le match contre l'Argentine sera déjà dramatique.

On ouvre aussi à Bologne, avec un merveilleux oiseau rare qui a du mal à tenir en cage. Il s'appelle René Higuita, et tient deux postes à la fois. Gardien et libéro. La Colombie joue donc à douze. Et gagne, devant les Émirats (2-0). Buts de Redin et de Valderrama. Après Omam-Biyik, les « Français » du Mondiale sont décidément à la fête.

Mais la fête, la vraie, a lieu en soirée, dans la Ville éternelle. Après quatre ans d'attente, l'équipe d'Italie entre enfin dans « son » Mondiale, devant l'Autriche. Depuis cinq jours, Vicini a formé son équipe, pour conférer la sérénité aux titulaires. Et le match est bon, comme l'est Giannini, sur son terrain fétiche. Mais l'Autriche tient, longtemps. Vialli, Carnevale, Donadoni ont le but au bout du pied, mais Lindenberger le leur refuse, encore et toujours. Vicini lance alors un joker qui va tout changer.

VOELLER MARQUE DEVANT LA YOUGOSLAVIE
La RFA écrase tout

Un joker nommé Schillaci, qui a débuté en équipe nationale dix jours plus tôt, contre la Grèce, sans convaincre. C'était à Pérouse.
Mais Schillaci en veut, terriblement. Il ne doit, ne peut gâcher cette deuxième chance. En une fraction de seconde, il revoit tout le chemin parcouru.
La division 2 à Messine, porte de sa Sicile natale, puis la Juve, l'Europe, la Squadra, et cet Olimpico, qui n'attend plus qu'un but. Alors il fonce. Et marque, trois minutes plus tard, sur centre de Vialli.
La tête de Schillaci a fait la différence. Sa tête sera maintenant célèbre.
Antonio Furst de Curtis Cagliardi Ducas Comneno di Bisanzio, dit « Toto », avait longtemps fait rire l'Italie, avec son menton allongé, ses pupilles mobiles, son vieux melon sur la tête et son lacet en guise de cravate.
Un autre « Toto », cheveux ras, yeux ronds et buts à la pelle, va maintenant faire chanter et rêver tout le pays, son nom en haut de l'affiche. Ce soir, tard, l'Italie jouera « Nuit d'ivresse ». Pour la première fois.

Dimanche 10 juin

La Tchécoslovaquie vote à Prague, et joue à Florence. Un bulletin par-ci, un ballon par-là. Les premières élections législatives libres se tiennent au pays, les footballeurs jouent les ambassadeurs. Comme les symboles d'un renouveau, au carrefour de l'histoire et à la face du monde.
Alors, ils mettent les bouchées doubles. Et tant pis pour les États-Unis, qui réapparaissent après quarante ans d'absence. Skuhravy marque, par deux fois, suivi par Bilek Hasek, qui dédiera son but au Forum Démocratique, et Luhovy. Les Américains, complètement débordés, s'inclinent 5-1.
« Nous sommes des missionnaires », s'excuse Eric Wynalda, milieu de terrain de San Francisco Bay. Mais aujourd'hui, plus qu'hier, on sait que la tradition sera dure à convertir.
La tradition ? Elle colle en revanche à la peau des Brésiliens, qui entrent contre la Suède, à Turin. Cinq de leurs sept chaînes nationales télévisent la rencontre. Et explosent, quand Careca ouvre la marque, à trois minutes de la mi-temps.
La deuxième ovation éclate pendant la pause. L'écran géant du stade diffuse l'arrivée du Grand Prix du Canada, en F1 : Ayrton Senna gagne, devant Nelson Piquet. Plus de doute possible, c'est le jour des Brésiliens.
De fait, Careca inscrit le n° 2, à la 70e minute. Brolin ne peut que réduire l'écart, d'un joli tir (2-1). La manière laisse peut-être à désirer, mais le résultat est là.
A la même heure, à la bonne heure, un autre grand effectue ses débuts dans la compétition. Et quels débuts ! Il s'agit, bien sûr, de l'Allemagne, qui affiche ses ambitions d'entrée, contre une Yougoslavie submergée (4-1).
Le spectacle est superbe, et les Allemands

ÉCOSSE - COSTA RICA : AUTRE SURPRISE
Le maître puni par l'élève

omniprésents, à l'image de Matthaeus. A 29 ans, l'homme a achevé sa mue. Son brassard de capitaine, puis son transfert à l'Inter, lui ont donné une nouvelle dimension. Elle éclate, dans son jardin de San Siro, où il avale les kilomètres et va chercher deux buts magiques.
Ses deux copains de l'Inter ne sont pas en reste. Klinsmann marque d'une magnifique tête plongeante sur centre de Brehme, lequel donne pour finir le but du 4-1 à Voeller. Jozic a, entretemps, réduit la marque, mais n'a pu éviter la claque. « C'est ce qui s'appelle une bonne leçon », commente Osim, fataliste.
Cette fête du foot est, hélas ! ternie par de violents incidents provoqués par des hooligans allemands, au centre de Milan et jusqu'au lac de Garde. Le bilan est lourd : trente blessés, cent-cinquante interpellés, trente-cinq expulsés.
La violence faisait peur. Elle est déjà là, déclenchée par ces parasites d'outre-Rhin surnommés « Fussball idioten ». En fin de soirée, les idiots font même des petits. Un pugilat éclate entre Anglais et Sardes, à Cagliari, sur fond de chansons nationalistes et de saluts nazis. Ça commence mal...

Lundi 11 juin

Entre les baffes, le football continue. Avec la rentrée, hélas ! bien triste, des équipes britanniques.
L'Angleterre rencontre l'Eire, en Sardaigne. Mais le Mondiale s'est trompé d'île. On se croirait à Swindon Town, ou sur n'importe quel terrain de D3. Le match n'est qu'une purge, une caricature de *kick and rush.* Tu tapes, et tu cavales. Même le temps s'y met, pluvieux, venteux et frais.
Les Anglais n'ont pas oublié le match de 1988, à Stuttgart, où ils avaient tenté de jouer, de construire, mais avaient été pris en contre par Ray Houghton. Alors, après un but très vite marqué par Lineker, ils se contentent de résister à l'épreuve physique imposée par les Irlandais.
Au bout de ce monument d'ennui, seule la rentrée de McMahon procure un peu d'animation. A ses dépens. A trois minutes d'intervalle, le joueur de Liverpool donne l'égalisation à Sheedy, sur une irrémédiable toile, puis prend le seul carton jaune du match.
Il y a des soirs comme ça, où rien ne va...
De ce match, il ne restera finalement rien. Si ce n'est un œil au beurre noir pour Butcher, « signature » d'un énième duel aérien avec Cascarino. Et une 119e cape internationale pour Peter Shilton, record du monde égalé. Seul bon point : la purge a anesthésié les hooligans...
Des hooligans, il n'y en a point dans les tribunes de Gênes. Mais quinze mille Écossais, en revanche, plus deux stars. James Bond, version Sean Connery, et Rod Stewart, venus soutenir l'équipe au chardon.
Dans ce tournoi des surprises, le coup de théâtre guette pourtant à chaque brin d'herbe.
Même si l'adversaire s'appelle le Costa Rica,

et joue son premier match de Coupe du Monde.
De fait, Conejo (lapin, en français) repousse d'abord tous les dangers, avec un talent qui en fera peut-être le meilleur gardien du Mondiale. Puis Jara surgit et met Cayasso sur orbite, d'une incroyable talonnade. La perle noire de San Jose est déjà partie. On ne la reverra plus. 1-0...
Le Costa Rica tient sa surprise. Quarante et une minutes de courage et quelques coups du « lapin » lui permettent de ne pas la lâcher. Dans la tribune, Rod Stewart et 007 n'en croient pas leurs Scots.

Mardi 12 juin

A qui le tour ? Dans le crachin de Vérone, les Coréens du Sud s'imaginent bien, eux aussi, se vêtir de l'étoffe des héros. En 1986, ils avaient déjà tenu la Bulgarie en échec, puis fait trembler l'Italie, sur les hauteurs de Mexico.
Mais devant les Belges, pas nés de la dernière pluie, ils ne tiennent qu'une mi-temps, une moitié de miracle. En face, Enzo Scifo effectue déjà un festival, et finit par trouver l'ouverture : elle est pour Degryse, qui ajuste un lob parfait.
On joue depuis cinquante-trois minutes, et il n'y a dès lors plus de match. Juste un canon de Dewolf, pleine lucarne, et les larmes sans fin d'un gardien nommé Choi In-Young.
La sensation du jour va pourtant se produire, mais pas là où on l'attendait. Elle a lieu à Palerme, au stade de la Favorita. Le bien nommé, croyait-on, pour servir d'écrin aux joyaux de la couronne d'Orange, aux champions d'Europe, aux Hollandais volants, épouvantails de la compétition. Avant...
Ce soir-là, le cœur de la Sicile bat d'ailleurs pour Gullit, Van Basten et Rijkaard, qui viennent de ramener une nouvelle Coupe d'Europe en Italie. Leur cote est telle que la police a dû... renvoyer à la mer trois baigneurs qui tentaient de gagner l'hôtel des Néerlandais à la nage, pour approcher leurs idoles. Mais les héros sont fatigués, comme Van Basten, ou pas encore au top, tel Gullit. Et Beenhakker a remonté les bretelles de leurs petits camarades, accusés de lorgner un peu trop vers la plage. « On dirait une vraie bande de touristes », déplore-t-il.
Effectivement, le premier match confirme les craintes du coach. On attendait la Hollande, et on voit l'Égypte, habile et fort bien organisée. Kieft a pourtant le bonheur d'ouvrir la marque, après avoir chassé le fantôme de Vanenburg, mais les champions d'Europe sont incapables de conserver cet avantage.
Abdelghani égalise sur penalty, en fin de match, et il faut même un grand Van Breukelen, le seul au niveau, pour sauver les Oranges d'une humiliante défaite.
« En 1988, notre jeu était fait de joie. Aujourd'hui, on ne s'amuse plus, avoue Gullit, tresses en berne. Si on continue comme ça, on ne passera même pas le premier tour... »

REPRISE DE VAN BASTEN DEVANT L'ÉGYPTE
La catastrophe orange

Mercredi 13 juin

Cap sur Naples. La ville de tous les excès, de toutes les folies. Carte postale le jour, et coupe-gorge la nuit. Symbole de cette Italie du Sud délaissée, méprisée, que Maradona a pourtant fait triompher, par la seule magie d'un ballon.
Ici, Diego est chez lui. L'Argentine sera donc chez elle. Depuis deux jours, deux nuits, les supporters du Napoli ont confectionné d'immenses drapeaux, pendant que Bilardo faisait le ménage. Cinq joueurs au placard, au premier coup de balai.
Ce soir, contre l'URSS, les Argentins n'ont effectivement plus droit à l'erreur. « C'est la première finale du Mondiale », confie Bilardo. Pour le gardien Pumpido, ce sera aussi la dernière.
Son rêve se brise d'entrée, en même temps que sa jambe droite, dans un choc malheureux avec Olarticoechea. Conclusion prématurée et triste d'un Mondiale qui avait commencé par une autre cassure, devant Omam Biyik.
Mais le match doit continuer. Et il reprend, avec Goycoechea. Puis une affaire de main, avec Maradona. En 1986, Diego avait marqué un but avec la gauche. Cette fois, il en arrête un avec la droite, juste devant son (nouveau) gardien.
« Le ballon était tout près. C'est le premier geste que j'ai eu d'instinct », dira-t-il. Faute avouée, à moitié pardonnée. Le problème, c'est que l'arbitre suédois, Fredriksson, n'a rien vu, à trois mètres. Pas plus qu'il n'avait vu, avec son juge de touche, les hors-jeu d'un Belgique-URSS, quatre ans plus tôt, au Mexique.
Les Soviétiques sont évidemment fous de rage. Et ce n'est pas fini. Quelques minutes plus tard, le TGV Caniggia fait dérailler son troisième défenseur en deux matches. Après Kana Biyik et Massing, la flèche blonde provoque, cette fois, l'exclusion de Bessonov.
A dix l'URSS ne résiste pas longtemps. Troglio marque de la tête, sur centre d'Olarticoechea, puis Burruchaga s'offre le 2-0, en fin de match. Maradona peut faire un signe de croix. Main droite ou main gauche ?
A vingt-quatre équipes, à défaut des trois huit, on a des horaires bien décalés. En ce 13 juin, l'Espagne et l'Uruguay n'ont toujours pas disputé la moindre rencontre, quand ils se retrouvent enfin, sur le terrain d'Udine.
Malgré une si longue attente, les Espagnols n'entrent pourtant jamais dans le match. Ils sont même méconnaissables, à l'image de Michel. Seul, un manque de réussite évident et un penalty de Sosa dans les nuages privent la Céleste d'un succès à sa portée.
Le Mondiale tient son premier 0-0. Ce ne sera pas le dernier.

Jeudi 14 juin

Cette nuit, Safet a mal dormi, là-bas, en Émilie jolie. Chambre 312, hôtel Salvarola Terme. « J'avais l'estomac noué. J'étais si tendu que j'ai dû prendre

ROME, LA FERVEUR MONDIALE
La grand-messe du foot

des cachets. » Trac ordinaire pour jour extraordinaire. Tout à l'heure, la Yougoslavie jouera gros, contre la Colombie. Susic aussi. Il le sait. « C'est l'un des matches les plus importants de ma carrière. Peut-être le dernier. Je ne suis pas indiscutable, à cause de mon âge. D'autres très bon joueurs attendent leur chance. Je n'ai pas le droit de me planter... »
Safet ne se plantera pas. A 35 ans, le démarrage est certes moins vif, l'activité moins soutenue, mais le coup d'œil, le coup de patte sont toujours aussi justes. Entre autres bons ballons, il offre ainsi le but de la victoire à Jozic, et frappe même le poteau d'Higuita, sur la fin.
Cette fois, le Papet peut respirer. Ce soir, il dormira. Bien. Puis recommencera, encore et encore. « Il n'y a pas de secret. J'ai toujours envie de jouer, de m'entraîner, de transpirer tous les jours, même si c'est plus difficile qu'il y a six ou sept ans. La longévité, c'est d'abord dans la tête... »
Même heure, Bari, Cameroun-Roumanie. Après cinquante-neuf minutes de jeu, Milla remplace Maboang, avec ses vieilles jambes et son enthousiasme de débutant. Son histoire est déjà belle. Lui, Roger, rappelé par décision ministérielle « dans l'intérêt supérieur de la nation », après une pige à Saint-Pierre de la Réunion.
En deux buts, dix minutes, son histoire devient pourtant légende. Il marque à la 77e, puis récidive à la 87e. Sous les yeux du monde, l'indomptable Roger se taille la part du lion et, grâce à lui, le Cameroun est le premier qualifié pour les huitièmes de finale. Énorme clin d'œil, pour un authentique exploit.
« Trente-huit ans, c'est le bel âge », souffle Giresse dans la tribune. Gigi, autre enfant de 1952...
Mais, pendant que le Mondiale présente ses meilleurs vieux, Rome vit à l'heure de la, de sa Squadra. Toute une ville, tout un pays est prêt pour le second épisode. Nuit d'ivresse, deuxième. Le Pape Jean-Paul II a même anticipé la traditionnelle procession de la Fête-Dieu, pour permettre aux fidèles de voir la rencontre.

Ce soir, l'Italie joue les États-Unis. Et la question n'est plus qui, mais combien. Combien de buts prendront ces « pauvres » Américains qui sont déjà presque dans l'avion. Effectivement, Giannini, le chouchou de l'Olimpico, ouvre vite la voie du triomphe espéré. Mais les Américains reviennent dans le match, avec beaucoup de cran. La chance est avec eux, quand Vialli trouve un poteau au bout de son penalty, mais Zenga sauve aussi la Squadra, sur un coup franc de Harkes et une reprise de Vermes.
Les États-Unis s'inclinent, certes, 1-0. Mais ce soir, le vaincu a sans doute plus gagné que le vainqueur.

Vendredi 15 juin

Pour une fois, Toto n'a pas marqué. Mais ce matin, il est le plus heureux des hommes. Son épouse lui a donné un petit Mattia. Un garçon, venu au monde en pleine Coupe. C'est un signe.
Les Tchécoslovaques, eux, savourent une autre forme de bonheur. Les élections sont passées, mais le printemps des Praguois continue. Bilek, du Sparta, transforme un penalty qui reflète à peine la très nette supériorité de son équipe face à l'Autriche (1-0). Qu'importe ! Les ambassadeurs ont bien joué leur rôle. Ils passent même en tête du groupe A, devant l'Italie, billet en poche pour les huitièmes. Le spectacle a cependant lieu à San Siro, dans le son et lumière grandiose et imprévu d'un gigantesque orage. Ils sont encore soixante-dix mille, venus soutenir la RFA devant les Émirats. Soixante-dix mille, soucieux d'effacer les sales images des incidents du Dôme. Dans l'après-midi, les Allemands ont même déployé une banderole, en plein centre ville. « Scusano Milano ». Excusez-nous, Milan, pour ces tristes sires. Côté jardin, la pelouse détrempée n'arrange évidemment pas les affaires des joueurs du Golfe, nullement habitués à ces conditions de jeu. Leur mission était des plus dures. Elle devient impossible. Il tombe des cordes. Il pleut des buts. Voeller, Klinsmann, Matthaeus, Bein, Voeller encore. Ça fait cinq, ça aurait pu faire dix. Au bout du match, on comptera vingt-trois tirs cadrés.
Mais l'événement du jour se produit dans le camp d'en face, quarante-cinq secondes après la reprise. La défense allemande, que Berthold vient de quitter, connaît un léger flottement. Haessler tente alors une intervention, de la tête, mais le ballon lui passe au-dessus. Lui, le plus petit joueur de la Bundesliga. Alors, Khalid récupère et marque : le premier but des Émirats en Coupe du Monde. Un but en or. Il lui vaudra une Rolls. Commentaire plein d'humour de Haessler : « Je ne suis pas un grand défenseur... »

Samedi 16 juin

Luis Gabriel Conejo est un cas. Gardien de son but, et d'une foi sans laquelle sa vie ne serait rien. Avant chaque match, il s'agenouille dans sa surface, joint

VALDERRAMA CONTRE LA YOUGOSLAVIE
Une excellente Colombie

ANGLETERRE - PAYS-BAS A CAGLIARI
La fête disparue

ses mains, ferme les yeux et prie le Père tout-puissant, la Vierge de Los Angeles.

Conejo est un grand, un formidable gardien. Mais à Turin, il ne peut tout faire, tout arrêter contre ces Brésiliens qui pressent, se pressent devant sa défense. Alors le Ciel lui vient en aide, plaçant un poteau devant chaque ballon adverse. Une fois, deux fois, quatre fois, une foi.

Seul, Muller ramène Conejo sur terre, d'une frappe déviée par Montero. Un but de raccroc. Au bout du compte, le Brésil n'a pas de quoi être fier. Pelé ne l'est pas : « Ça manque de spectacle, de prise de risques. Ce football radin et cette équipe m'ennuient. Ce n'est pas comme ça qu'on ramènera la Coupe du Monde. » Pelé, l'anti-Lazaroni...

En ce samedi, on ne prie pas seulement dans le Piémont, mais aussi en Sardaigne. A Cagliari, c'est l'état de cierge. Toute l'île implore ses saints patrons pour que le choc Angleterre-Pays-Bas ne se transforme pas en tragédie.

Depuis le tirage au sort du Mondiale, le 9 décembre, ce face-à-face fait peur. Il est considéré comme « le » match à risques. Les deux pays occupent, en effet, les deux premières places au hit-parade du hooliganisme. Leur précédente rencontre a d'ailleurs donné lieu à de violents affrontements au cœur de Düsseldorf, pendant l'Euro 88.

Le gigantesque dispositif policier, conçu et entraîné depuis des mois, empêche toutefois qu'une journée d'enfer ne souille le golfe des Anges. Même si un affrontement, sévère mais bref, éclate sur le chemin du stade, au pied de la basilique de Bonaria.

Dans ce bruit de bottes, ce déferlement de sirènes, cet horizon casqué, dans cet assourdissant ballet d'hélicoptères, dans ces groupes de supporters parqués et conduits comme des troupeaux, dans la fièvre d'un samedi soir malsain et moite, c'est néanmoins une certaine image du sport, de l'homme qui s'effondre. Ce soir, la violence ne gagnera pas. Mais la fête a perdu.

Le match, lui, est d'un fair-play exemplaire, par réaction. Mais pas d'un grand niveau. La Hollande confirme ses difficultés, l'Angleterre surmonte progressivement les siennes. Sans résultat, toutefois. Devant sa télé, Franz Beckenbauer s'ennuie. Il change alors de chaîne, et se branche sur Gênes. Bonne idée. Là-bas, ça part dans tous les sens. L'Écosse, soudainement relancée, ne lâche pas la Suède, à grands coups de chœurs, de cantiques.

« C'était géant, dira Roxburgh. Les supporters remettaient en permanence de l'essence dans notre moteur. » Roulez jeunesse. McCall et Johnston, sur penalty, font la différence. Une fois encore, la Suède pourra seulement réduire l'écart, par Stroemberg. Mais Dieu, que cette fête-là était belle...

Dimanche 17 juin

Sifflet n'est pas jouet. Au dixième jour du Mondiale, Sepp Blatter part en guerre contre ces arbitres qui ne veulent, ou ne savent appliquer, les nouvelles consignes.

« Jusqu'à présent, la Fédération internationale a eu trop tendance à protéger les hommes en noir. Maintenant, il faut les réveiller. Trois d'entre eux n'ont plus leur place ici », clame le secrétaire général de la FIFA. Ses premiers cartons rouges sont pour le Suédois Fredriksson, l'Italien Agnolin et le Soviétique Spirin.

L'Allemand de l'Ouest Schmidhuber sait donc à quoi s'en tenir, quand il donne le coup d'envoi d'Eire-Égypte, à Palerme. C'est le groupe des îles, le groupe des nuls. C'est nul. 0-0, au dernier coup de sifflet. Le public n'a rien vu. Jacky Charlton non plus, qui ne peut retenir sa colère, à la Favorita. « Quel match ? Non, il n'y a pas eu de match. Par la faute des Égyptiens, qui ont refusé de jouer... »

La soirée relève heureusement le niveau. Grâce à une magnifique Belgique, grâce à un magnifique Scifo. A Vérone, l'Uruguay est vite débordé. Clijsters marque un premier but de gala. Enzo en ajoute un autre, d'un fulgurant tir de trente mètres. Gerets est, certes, exclu, après un plongeon de Sosa, le roi du tremplin, mais cela ne change rien à l'affaire.

Un de perdu, dix de remontés : sans Gerets, les Belges se battent deux fois plus, comme de beaux Diables Rouges qu'ils sont. Et l'autre vétéran, Ceulemans, y va aussi de son but.

A 3-0, Bengoechea ne peut que réduire l'écart pour la Céleste. C'était le match des Enzo. Scifo bat Francescoli, haut la main.

Cette soirée est aussi celle de la revanche pour l'Espagnol Michel. A Udine, il entre sur le terrain comme un taureau dans l'arène. Quatre jours qu'il ruminait sa colère, l'œil noir, les mâchoires serrées, le pas pressé.

Très vite, une volée limpide éclaire le ciel du Frioul, rédemptrice. Pourtant, la Corée du Sud égalise juste avant la mi-temps, sur un formidable coup franc. Qu'importe ! Le Madrilène veut sa revanche, et il l'aura. Après la pause, un coup franc platinien et un slalom digne de Fernandez-Ochoa

RIJKAARD ET BULL (N° 21)
Un groupe très disputé

SCIFO AUX PRISES AVEC BUTRAGUENO
Enzo, roi de Belgique

creusent la différence. 3-1, hat-trick, chapeau. Michel respire, dans ce maillot qu'il a enfin honoré. Un maillot qu'il n'échange pas, sur le chemin des vestiaires. « Je le garde pour mon père. C'est mon premier supporter. Il devait être mal, ces derniers jours... »

Lundi 18 juin

« L'espoir est le dernier à mourir. » Le proverbe est russe, Lobanovski l'écrit au tableau, dans un vestiaire où le chant de la craie trouble les sons du silence.
On est à Bari, stade San Nicola, dans les entrailles de cette soucoupe volante, posée au cœur des Pouilles par le maître d'œuvre de Beaubourg.
Les Soviétiques n'ont pratiquement plus aucune chance, mais veulent sauver ce qui peut l'être. L'honneur, au moins. Ce qu'ils réussissent, contre des Camerounais déjà à l'abri.
Protassov ouvre la voie. Zygmantovitch s'y engouffre, comme Zavarov, avant de prendre la route de Nancy. Dobrovolski, enfin, signe le 4-0, aux dépens d'un Nkono livré à lui-même.
C'est un joli carton, mais un carton pour rien.
Ce baroud ne sauve pas les Soviétiques. Il ne fait qu'aviver regrets, et amertume. L'ombre noire de Fredriksson plane, une dernière fois.
« Une seule erreur a suffi pour ruiner les efforts d'une équipe », soupire Lobanovski, arrivé au terminus. L'espoir est mort, un tableau s'efface, un coach s'en va. Fin d'un rêve.
Ce soir, on joue aussi à Naples, où l'Argentine « reçoit » la Roumanie. Cette fois, Maradona ne met pas la main, droite ou gauche. Ni un pied devant l'autre. Sa cheville gauche est si gonflée que Bilardo a même songé à le laisser au repos. « Tu es fou. Si je ne joue pas, je vais mourir », a répondu Diego.
Alors, le « Pibe » est là. Juste pour offrir un but à Monzon, sur une jambe. Mais Balint arrache l'égalisation, sur la fin. Le spectacle n'est pas grandiose, mais le nul arrange tout le monde.
L'Argentine et la Roumanie joueront les huitièmes.

Mardi 19 juin

La surface de réparation est beaucoup trop petite pour René Higuita, le merveilleux fou volant de Medellin, ce gamin des quartiers populaires que son père n'avait pas voulu reconnaître. Ce joueur qui signa pour dix dollars au Nacional, un jour de 1982. « Je n'avais jamais eu autant d'argent », se souvient-il.
Aujourd'hui encore, l'oiseau rare se sent à l'étroit dans sa cage. Même si l'Allemagne est l'adversaire. Même si la Colombie dispute le plus grand match de son histoire, dans le cratère de San Siro.
D'ailleurs, l'affiche ne paralyse pas les Sud-Américains. Au contraire, elle les dynamise.
Valderrama souffle le show dans le stade, et le froid dans le dos des défenseurs allemands. Fajardo,

SCHILLACI OUVRE LA MARQUE DEVANT LES TCHÈQUES
Nuit d'ivresse III

Estrada font vivre l'Etrusco, et Higuita se balade dans une surface sans fin. La Colombie est entreprenante, brillante.

Tout se joue, néanmoins, dans le dernier quart d'heure. Matthaeus voit d'abord Higuita dans sa position habituelle, c'est-à-dire avancé, et tente le lob... sur la barre. Voeller sert ensuite Littbarski, qui cherche la lucarne et la trouve. 1-0. Cette fois, le fou de Medellin n'a rien esquissé.

Le chrono affiche quatre-vingt-huit minutes, les Allemands chantent *Auf Wiedersehen*. Au revoir, et merci d'être venu. Mais Valderrama les fait taire. Il lance Rincon, qui prend ses jambes à son cou et s'en va glisser le ballon entre celles d'Illgner.

La Colombie tient son exploit. Pendant deux jours, la fête éclipsera la guerre, là-bas, au pays. Cette guerre sans merci contre les narco-trafiquants.

De suspense, il n'y en a point, en revanche, entre la Yougoslavie et les Émirats. Susic fête sa cinquantième sélection en ouvrant la marque, de la tête. Pancev, par deux fois, puis Prosinecki complètent l'addition (4-1).

Pas de suspense non plus à Florence, mais des coups. L'Autriche bat les États-Unis, deux buts à un, cinq avertissements à quatre et une expulsion à zéro. « Un match tendu », dira l'arbitre syrien Jamal Al-Sharif...

A Rome, enfin, on joue « Nuit d'ivresse III ».

Avec, pour la première fois, Schillaci et Baggio associés dans les deux rôles principaux.

Vicini a vu juste : « Toto » passe d'abord la tête, pour le 1-0. Puis Baggio illumine l'Olimpico, d'un éclair de classe. Juste conclusion d'un bon match de la Squadra, et de son petit dernier.

« Pas besoin de Rolls. Si je marque contre les Tchèques, je me contenterai d'un vélo », avait dit Baggio. Le lendemain, à Marino, l'association italienne du cycle lui livrera un mountain bike...

Mercredi 20 juin

C'est un enfant de mai 68. Tout à l'heure, il jettera un fameux pavé dans la mare et fera descendre les foules dans les rues. Une vraie révolution, à lui seul. Mais Hernan Medford en est encore loin, quand il prend place sur le banc de touche, à Marassi.

A l'ombre du choc Brésil-Écosse, disputé dans le Piémont, la Suède et le Costa Rica vont jouer leur sort à quitte ou double. Le cœur et les jambes à Gênes, l'oreille à Turin.

Longtemps, l'affaire ne semble pas devoir faire un pli pour les Scandinaves. Ekstroem marque, les occasions s'accumulent, et Conejo multiplie encore les miracles, à la grâce de Dieu.

Mais, en seconde période, l'entrée de Medford change tout. Cet attaquant, né le 23 mai 1968, possède jeunesse, vitesse et fraîcheur. Autant d'atouts qu'il met à profit, pour tout faire exploser.

Il obtient d'abord un coup franc, pour une faute de Schwarz. Coup franc tiré par Cayasso, pour la tête victorieuse de Flores. Puis il part de sa moitié de terrain, pour décrocher la plus incroyable, la plus inespérée des victoires. En cinquante-deux matches de Coupe du Monde, c'est la seule qu'une équipe enlèvera après avoir été menée au score.
Il y avait le lapin. Il y a maintenant le lièvre, qui fait descendre son pays dans la rue. Le Président Rafael Calderon décrète même un jour de fête nationale, et promet un cadeau aux joueurs, entre Rolls et bicyclette. « Chacun d'entre eux aura une voiture. Petite, mais neuve. » Belle récompense, pour des joueurs dont les plus fortunés tournent à 6 000 F par mois.
Après leur exploit, les héros rentrent pourtant se coucher, sagement. « Maintenant, il faut récupérer. On a un match contre la Tchécoslovaquie à préparer », chuchote Milutinovic, marchand de sable, après marchand de rêves.
En comparaison, le match Brésil-Écosse paraît bien fade. L'équipe de Lazaroni se contente encore du programme minimal, avec un but de Muller à neuf minutes de la fin.
Les Écossais, eux, sont éliminés pour la septième fois de suite au premier tour. Ce qui fait mal aux Français, quelque part.

Jeudi 21 juin

Monique Furiga a 29 ans. Elle est romaine, étudiante en lettres, passionnée de ski, de voile et d'équitation. Elle ne connaît rien du foot, si ce n'est Voeller, pour Rome, et Gullit, pour ses tresses.
Quel rapport avec le Mondiale ? Aucun, ou presque. Ce soir, elle aura pourtant le tournoi entre ses mains. Aujourd'hui, on en finit avec le groupe des îles, le groupe des nuls. Des nuls qui ont provoqué un sérieux embouteillage dans le classement, et mis en exergue les insuffisance du règlement. Cette fois, on n'évitera pas un tirage.
A Palerme, pourtant, nul n'y prête attention. L'ambiance est joyeuse, magnifique. Public de fête pour une soirée de gala. « Allez, Michel, allez la France ! » entend-on même dans les tribunes. Platini n'y est pour rien. C'est Vautrot qu'on encourage...
Le Bisontin dirige le match Pays-Bas-Eire. Et il assiste à un grand retour : celui de la tulipe noire. Au stade de la Favorita, Gullit redevient enfin lui-même. Il court, multiplie les prises de risques, gagne ses duels et marque son premier but depuis trois cent quatre-vingt-treize jours. Cela ne suffit pas, néanmoins, pour les Néerlandais, rejoints en fin de match par un but de Quinn (1-1). Les inséparables...
A Cagliari, en revanche, l'Angleterre parvient à se séparer de l'Égypte, grâce à une tête de Wright (1-0), et prend la tête du groupe F. Il y aura juste tirage au sort pour les places 2 et 3.
Il faut une main. Monique Furiga lève donc la sienne, qui sort une boule rouge, puis une jaune. Rouge et jaune font orange : les Pays-Bas sont dedans, avec l'étiquette n° 3. Ils rencontreront l'Allemagne, à Milan. Ce coquin de sort n'a pas fini de provoquer du tirage.
On en termine aussi dans le groupe E. L'Espagne affronte les Diables Rouges, déjà qualifiés, à Vérone. Le roi Juan Carlos est là, mais quatre défenseurs belges sont « out ».
L'équipe ibérique gagne 2-1, après un penalty de Scifo sur la barre. « Au Mexique, il m'en avait mis un en force, au milieu. Il a voulu changer », commente Zubizarreta.
A Udine, enfin, l'Uruguay doit absolument prendre deux points devant la Corée, qui tient pourtant jusqu'à la 90e minute. Mais le remplaçant Fonseca sauve les siens, à la dernière seconde, sans doute en position de hors-jeu.
Ce n'est pas glorieux, mais c'est. La Céleste est aux anges, et le tableau complet.

Samedi 23 juin

Au-dessous du volcan, le feu n'est pas éteint.
Les Camerounais ont changé de site, mais n'ont pas changé de peau. Au pied du Vésuve, ils font encore danser leur flamme.
Ils avaient « ouvert », à Milan. Ils inaugurent maintenant les huitièmes, dans Naples « l'Africaine ». Et ils ne s'arrêteront pas là, parole de Roger.
Au stade San Paolo, les Colombiens démarrent bien, pourtant. Leur jeu court fait merveille, avec Valderrama, le roi des espaces réduits. Et Rincon fait trembler la barre, à une poignée de secondes de la mi-temps.
Le Cameroun tient, cependant, jusqu'à la rentrée de Milla, « Mister Miracle ». Milla, jamais rassasié. Milla qui croque dans la prolongation avec la même faim qu'au premier jour.
Le soleil ne s'est pas encore couché, là-bas, derrière les îles d'Ischia et de Procida, quand il décroche une première fois la lune. Il résiste à Perea, élimine Escobar d'un coup de reins et ajuste Higuita de l'intérieur du pied (106e).
Et ce n'est pas fini. Trois minutes plus tard, le vieux lion repart en chasse. Higuita tente le dribble de trop. Roger a tout compris. Il le contre, et s'en va signer le 2-0, avant d'esquisser une petite danse, devant le drapeau de corner.
Cette fois, plus rien ne peut sauver la Colombie, pas même un but tardif de Redin. Au son des tam-tams, le Cameroun est le premier qualifié pour les quarts.
Pendant quelques heures, Milla sera même le meilleur buteur de la Coupe du Monde, avec quatre perles à son collier. « Si le président de la Juve m'appelle, je dis banco », s'esclaffe Mr Roger...
Dans la foulée, l'Amérique Latine perd un deuxième représentant. A Bari, le Costa Rica ne peut, cette fois, renouveler ses exploits. Son numéro un, Conejo, n'est pas là. Le lapin agile a déclaré forfait, blessé à la

jambe droite, et son remplaçant, Barrantes, ne résiste pas à la furia tchécoslovaque.
Trois fois, Tomas Skuhravy va chercher un ballon dans les airs. Trois fois, il marque de la tête.
A 1,92 m, on est plus près des étoiles. Demain, Tomas sera celle du Genoa.
Au bout du compte, la Tchécoslovaquie s'impose 4-1, après une tête adverse de Gonzales, pour l'honneur, et un coup franc pleine lucarne de Kubik, pour l'araignée.

Dimanche 24 juin

C'est dimanche, le jour des seigneurs. Brésil-Argentine d'un côté, RFA-Pays-Bas de l'autre. A Turin, comme à Milan, l'affiche a le goût d'une finale, la couleur d'une finale, mais, ici ou là, ce n'est qu'un huitième.
Le premier drame se joue au stade des Alpes, écrasé par la chaleur. Le Brésil et l'Argentine, revus et corrigés par Lazaroni et Bilardo, n'ont guère brillé par leur panache jusque-là, c'est un euphémisme.
Mais entre deux maux, il faut choisir le moindre : les bookmakers misent sur les tri-campeao.
La longue histoire de ces derbys sud-américains révèle pourtant deux constantes : les matches sont serrés, et ce n'est pas toujours – pas souvent – le favori qui gagne.
Maradona le sait, qui ne se fait pas une montagne d'un tel sommet. « Le foot a ses miracles, rappelle-t-il. Moi j'y crois. Notre qualification a été difficile, mais les Brésiliens n'ont pas été impériaux. On a autant de chances qu'eux. »
Sur le terrain, les Argentins ont, surtout, beaucoup plus de chances qu'eux. Les Brésiliens dominent, pressent, mangent leurs rivaux, mais Dunga, Careca, Alemao voient leurs tirs repoussés par les poteaux. Recroquevillés, en défense, Goycoechea et les siens se bornent à s'accrocher, tant bien que mal.
Mais le foot a ses miracles, Maradona l'a dit. Diego, que l'on n'a pas vu jusque-là, déclenche alors une action, une seule. Mais une de ces actions où nul ne lui arrive à la cheville, qu'il a pourtant gonflée, à gauche. Il met la gomme, efface quatre Brésiliens et sert Caniggia, déjà sur orbite. La flèche blonde ne ratera pas la cible.
A huit minutes de la fin, le KO est implacable, irrémédiable, d'autant que Muller rate l'immanquable. Une fois de plus, le Brésil quitte la Coupe du Monde avant terme, abandonné par la chance, ravagé par une terrible crise d'identité.
Longtemps, Lazaroni devra rester cloîtré chez lui, de retour au pays, volets baissés, téléphone décroché, tel un criminel, coupable d'avoir tué le jeu et assassiné le rêve. Longtemps, ses enfants ne sortiront plus, n'iront plus à l'école.
A Turin, l'écran géant diffuse déjà d'autres images. Celles de la F1, en direct du Mexique. Cette fois, Senna explose son moteur et laisse s'envoler Prost. Non, ce n'était pas le jour des Brésiliens...

VALDO DEVANT GIUSTI
Un Brésil maudit

A Milan, Beenhakker espère que ce sera enfin le jour des Hollandais. Rien de tel, pense-t-il, qu'un match contre l'Allemagne, le rival détesté, l'ennemi juré, pour redonner faim, couleur à des Orange sans jus.
La presse italienne, elle, fait ses choux gras d'un étonnant chassé-croisé, d'un singulier derby. Le match de San Siro oppose en effet les trois Interistes Brehme, Matthaeus et Klinsmann, aux trois Milanais Rijkaard, Gullit et Van Basten. Pour une fois, ceux de Milan occupent toutefois le vestiaire de l'Inter, et vice-versa.
Très vite, hélas ! l'animosité sous-jacente entre Néerlandais et Allemands fait sauter quelques plombs. Rijkaard disjoncte, devant Voeller. Il le tacle sèchement, puis crache, une fois, deux fois, trois fois. Il est le seul coupable, et le reconnaîtra, mais l'arbitre argentin Loustau expulse l'arroseur et l'arrosé. Les Allemands, scandalisés, n'oublieront pas de sitôt celui qu'ils surnommeront le « lama hollandais ».
A dix contre dix, le reste du match est heureusement saisissant, passionant, grand. Grand, comme Juergen Klinsmann, qui s'engouffre dans les espaces abandonnés par Rijkaard, multiplie les courses, ouvre la marque et déclenche encore une fabuleuse volée sur le poteau.
« Le meilleur match de ma carrière », affirmera Klinsmann, saisi de crampes mais heureux, à la sortie d'un terrain où Brehme a ajouté une cerise sur le gâteau, laissant les miettes à Koeman pour un penalty sans conséquence. Les Orange, trahis par leurs vedettes, n'auront même pas gagné un match...

Lundi 25 juin

13h10, aéroport de Linate. Les Néerlandais décollent pour la première fois du Mondiale. Pour rentrer chez eux. Emportant défaite, mystères, désillusions dans les silences d'un avion sans réaction.
Beckenbauer, lui, triomphe. « Actuellement, seule la RFA peut battre la RFA », déclare-t-il à Erba, cité en pleine région des Lacs, où les Allemands préparent leurs conquêtes.
Mais la vedette du jour s'appelle Bonner. Prononcez bonheur. Comme celui qu'il s'apprête à donner à quinze mille Irlandais ivres de joie. Et seulement de joie, car la loi sèche veille aux grains...
On est à Gênes, et il y a du plaisir. L'immense plaisir que Pat Bonner prend, et offre, pendant les tirs au but. Car cent vingt minutes de jeu n'ont pas suffi à départager l'Eire et la Roumanie, privée de Lacatus.
Au stade de Marassi, quinze mille Irlandais retiennent donc leur souffle et leurs chœurs, quelques secondes, tandis qu'au château de Dublin, le Premier ministre, Charles Haughey, averti, fait allumer les téléviseurs à la hâte. En plein sommet européen !
Les cinq Irlandais réussissent leur tentative, mais Bonner arrête le dernier tir roumain, déclenché par Timofte. 5-4, et Guinness pour tout le monde.
Charlton et ses gladiateurs iront à Rome, pour les quarts de finale.
A Dublin, le château résonne alors de clameurs victorieuses. En plein sommet, Charles Haughey exulte, ses conseillers se donnent de grandes claques dans le dos. Demain l'austère *Financial Times* admettra que les *glory boys* de Jack (Charlton) ont éclipsé l'équipe de Jacques (Delors).
A Rome, on joue « Nuit d'ivresse IV », même si la fête est longue à démarrer. L'Italie tarde à trouver ses marques, en l'absence de Donadoni, « le seul joueur de la Squadra qui soit irremplaçable », selon Vicini. Et l'Uruguay fait tout pour hacher le jeu.
On dénombrera soixante fautes en quatre-vingt-dix minutes.
Après une première mi-temps soporifique, l'incontournable Schillaci est de nouveau le Salvatore (sauveur) de la nation, en déclenchant un tir fulgurant qui ne laisse aucune chance à Alvez.
Dès lors, la Céleste ne verra plus le jour.
Le reste est une affaire de cœur. Vicini lance Serena, qui fête aujourd'hui son trentième anniversaire. Et le grand Aldo va chercher son cadeau, en trompant Alvez d'un bon coup de tête (2-0). Le scénario rêvé...

Mardi 26

Aujourd'hui, le monde n'aura d'yeux que pour deux n° 10. Deux joueurs d'exception. Deux stars pour l'Hexagone, aussi. L'un est belge, et déjà auxerrois. L'autre est yougoslave, et presque marseillais.
Ils s'appellent Enzo et Pixie.
Pixie ? C'est le nom yougoslave de la souris, dans *Tom et Jerry*. Une souris qui fascinait Dragan Stojkovic, quand il était gosse. Il en avait raté, des matches de foot ! Il en avait gardé un surnom.
Sous le soleil de Vérone, donc, Pixie est le marqueur au pluriel d'un match singulier. Les occasions sont espagnoles, mais les buts sont pour lui.
Sur un centre de Vujovic et une remise de Katanec, il réussit d'abord la feinte, puis l'amorti qui tuent : en un clin d'œil, Jimenez est sur les fesses, Zubizarreta dans le gazon, et le ballon au fond.
Julio Salinas égalise, pourtant, après un tir contré de Martin Vasquez, mais Pixie remet ça en prolongation, cette fois d'un magistral coup franc (2-1). La souris a accouché d'une montagne : la Yougoslavie jouera l'Argentine, en quarts.
Deux heures plus tard et cent cinquante kilomètres plus loin, Enzo Scifo flambe à son tour, au sein d'une remarquable équipe belge opposée à l'Angleterre, à Bologne.
Les Diables Rouges livrent un match superbe, exemplaire, mais sont fuis par la réussite. Ceulemans tire sur le poteau, bientôt suivi par Scifo, au bout d'une formidable frappe de trente mètres.
L'équipe de Bobby Robson sort finalement indemne de cette difficile rencontre, au cours de laquelle Waddle a retrouvé inspiration et dribbles marseillais.
Mieux : alors qu'elle est déjà résignée aux tirs

KLINSMANN ÉCHAPPE A WITSCHGE
Un match époustouflant

VAN BREUKELEN, RIJKAARD ET VOELLER
Les plombs qui sautent

PLATT, CONTRE LA BELGIQUE
Un but assassin

aux buts, elle profite d'un dernier coup franc, d'un coup anodin pour inscrire le plus inattendu des buts, à la 120e minute. Par Platt, lequel n'avait jamais marqué en sélection...
C'est à pleurer. La Belgique a donné le meilleur, pour connaître le pire, devant cette Angleterre qu'elle n'a plus battu depuis cinquante-quatre ans. Bête noire pour Diables Rouges. « Cette défaite est injuste, cruelle. Perdre comme ça, c'est l'enfer », confie Scifo, inconsolable.
Deux cent quarante-six Anglais n'ont même pas pu voir ça. Ils ont été expulsés à la suite d'une violente rixe à Rimini, et remis dans l'avion pour Gatwick, juste à l'heure du coup d'envoi.
« Les Italiens nous auraient fait une faveur s'ils avaient ouvert les portes à dix mille mètres d'altitude et jeté ce tas d'ordures à la mer », écrira le *Sun*, toujours très nuancé. Le *Sun*, un journal à grand tirage, idéal pour le feu.

Samedi 30 juin

37°4 l'après-midi, et ce thermomètre qui n'arrête plus de monter... Dans l'étuve d'un stade florentin, parfumé à l'ambre solaire, Argentine-Yougoslavie sera bien le plus chaud des quarts. Le plus « français », aussi.
Au coup d'envoi, ils sont une bonne demi-douzaine sur la pelouse. Trois Parisiens, Susic, Vujovic et Calderon, qui ont échangé quelques bises. Plus Burruchaga, Brnovic, Hadzibegic et Stojkovic, que le maire de Marseille est venu voir, à trois semaines juste du championnat. Il ne pouvait plus attendre. Robert Vigouroux a bien fait, car Pixie effectue un nouveau festival, tout comme le jeune Prosinecki.
Les Yougoslaves ne sont pourtant pas vernis. Au bout d'une demi-heure, ils perdent Sabanadzovic, exclu pour une faute sur Maradona. Une faute pas plus méchante que ça, mais une faute.
A dix, ils continuent cependant à dominer les Argentins, toujours aussi frileux malgré la température. Des Argentins qui frôlent même

CANIGGIA ET SPASIC
Duel dans la fournaise

OMAM BIYIK PLUS HAUT QUE WALKER
Le Cameroun au sommet

la catastrophe, quand Susic reçoit une balle en or de Pixie, mais rate son contrôle.
La porte reste néanmoins fermée pendant cent vingt minutes. Seuls les tirs au but délivreront un bon de sortie. Les deux grands ratent pourtant l'ouverture : Stojkovic frappe sur la barre, et Maradona – hué – sur Ivkovic. Remake d'un soir d'automne, en Coupe d'Europe. « Je te parie 100 dollars que j'arrête ton penalty », avait alors lancé Ivkovic, gardien du Sporting Lisbonne. « Pari tenu », avait répondu le Napolitain. Diego y était allé de sa poche...
A Florence, l'épreuve sourit cependant aux Argentins. Goycoechea a le dernier mot, devant Hadzibegic (3-2). Osim, lui, a tourné les talons depuis longtemps. « Cela ne m'intéressait plus. Il y avait eu tellement de belles choses, avant... » Vrai. Mais, une nouvelle fois, la chance n'a pas souri aux audacieux.
De l'audace. C'est précisément ce dont l'Italie a besoin, quand elle entre sur la pelouse de l'Olimpico, face à l'Eire. Une équipe irlandaise invaincue depuis deux ans, dix-sept matches. Une équipe dont la recette est simple.
Son secret ? « Faire mal jouer l'adversaire, répond Morgan. Ou plus précisément l'empêcher de respirer, par un pressing constant. » Ce soir Kevin Moran marque Toto Schillaci. Et l'empêche de respirer pendant une grosse demi-heure, tout au plus.
A la 37e minute, Donadoni déclenche un tir violent, que Bonner peut seulement repousser. Et qui est là, yeux ronds, cheveux ras, intérieur du pied droit ? Toto, cela va de soi.
Contre l'Irlande, jamais complaisante en défense, on en restera là. Non sans un terrible coup franc de l'insatiable Schillaci, sur la barre. Mais ce 1-0 suffit amplement pour une cinquième nuit d'ivresse, encore plus belle, plus folle que les autres.
A Palerme, ils sont même vingt mille devant la maison natale de Toto, pour scander son nom.
Et à Brooklyn, dans le quartier de « Little Italy », des tifosi de la lointaine Amérique remplacent une plaque de la XXVe Avenue par celle-ci : Boulevard Schillaci.

Dimanche 1er juillet

Ce matin, l'Allemagne a gagné. Le Deutsche Mark a été introduit comme seul moyen de paiement en RDA. Un succès important, un succès de plus. Et le suivant ne se laisse pas attendre.
Il intervient l'après-midi, à San Siro, sous la direction d'un arbitre nommé Helmut Kohl. Ce n'est pas une blague. Allemand d'expression, l'homme est toutefois autrichien de passeport, rondouillard d'allure et tatillon de sifflet.
Un sifflet qu'il porte à sa bouche, après vingt-trois minutes de jeu : le Tchécoslovaque Straka a balancé Klinsmann, dans le coin de la surface. Ce n'est pas malin. C'est penalty. Matthaeus le transforme, en force.

La supériorité allemande, évidente malgré l'absence de Voeller, sera juste remise en cause dans le dernier quart d'heure, mais pas le résultat (1-0).
« Le » match du jour des quarts a toutefois lieu plus tard, plus loin. A Naples la blanche, qui a aujourd'hui les yeux noirs. Les yeux pour un beau, un grand, un merveilleux Cameroun.
En l'absence de Kana Biyik, Ndip, Mbouh et Onana, suspendus (!), les Anglais tirent pourtant les premiers. Encore par Platt, le buteur de la Belgique. Same player shoots again.
Mais la rentrée de Milla fait tilt, comme d'habitude. Un Milla mal rasé, « pour impressionner ». Un Milla que Butcher doit faucher, à la 61e minute, Kundé transformant le penalty.
Roger, plus indomptable que jamais, donne ensuite une balle en or à Ekeke, qui marque d'un piqué. Le Cameroun mène 2-1, et jongle littéralement avec son adversaire. Omam Biyik tente même le but le plus fou, d'une talonnade, mais Shilton sauve son camp. « Si on perd, j'arrête le foot », lui glisse alors Gascoigne. Wright, lui, est profondément touché à l'arcade gauche, mais revient, tel un corsaire, avec un bandeau qui ne libère qu'un œil. Pour la première fois éclatent enfin émotions, envolées, coups de cœur, coups de folie, par la grâce d'un juvénile retraité, de joueurs de D2 française, aux portes d'une demi-finale de Coupe du Monde.
Lineker joue cependant les rabat-joie. Deux fois, il est abattu dans la surface, en fin de match puis en prolongation, et deux fois, il transforme les penalties d'une harassante qualification. En pensant à son frère, installé devant sa télé, à Ténériffe. « En cas d'échec, je n'aurais jamais osé aller le retrouver. » Gascoigne, lui, pourra continuer à jouer.
Lineker sort vidé de cette épreuve. Il a perdu 6,3 kg. Mais les Camerounais en sortent grandis, à tout jamais. Grâce à eux, l'Afrique comptera même trois représentants dans le Mundial, en 1994. Havelange l'a promis.

Mardi 3 juillet

Pour la première fois depuis le début du Mondiale, les Italiens ont quitté leur retraite dorée de Marino, qui a vu défiler tant de personnalités mythiques, de Frank Sinatra à Liz Taylor, dans les douces collines des châteaux romains.
Après cinq matches dans la capitale, tous gagnés, ils ont mis le cap sur Naples. Une autre ville, un autre site, un autre monde. Une ville folle de son roi, qui lui a tout fait gagner. Mais le roi est argentin. Il se nomme Maradona. Et ce soir, il sera dans le camp d'en face...
Alors, depuis deux jours, Diego a habilement joué de son image. Lui, seul ciment d'une ville déchirée. Lui, revanche de ces *terroni* (cul-terreux) méprisés par le Nord. Lui, qui trouve toujours cette banderole quand Naples s'y déplace : « Bienvenue en Italie. »

MILLA FRAPPE, MALGRÉ PARKER
L'Angleterre a tremblé

MARADONA ET MALDINI (N°7)
La Squadra mal à l'aise

L'ARGENTINE EST EN FINALE
Le chemin qui mène à Rome

« Aujourd'hui, on leur demande d'être italiens alors que toute l'année, on oublie qu'ils existent », glisse Maradona, adroitement. Il en restera bien quelque chose.
De fait, San Paolo ne brûle pas comme l'Olimpico. Les Napolitains sont napolitains avant d'être italiens. Et les Italiens, joueurs, ne sont plus ce qu'ils étaient à Rome.
Toto Schillaci marque, bien sûr, après un tir de Vialli repoussé par Goycoechea, mais on sent vite que la Squadra n'est pas sûre d'elle, souveraine. La réintégration de Vialli, à la place de Baggio, ne donne pas les résultats escomptés. Elle fera d'ailleurs couler beaucoup d'encre. L'Argentine pratique au contraire un football de qualité, livrant de loin son meilleur match depuis le début.
Nul n'est donc vraiment surpris quand Caniggia dévie, du haut du crâne, un centre d'Olarticoechea pour tromper Zenga, auteur d'une sortie un peu hasardeuse. Le gardien de la Squadra concède là son premier but depuis neuf cent trente-sept minutes. On devine déjà qu'il coûtera très cher.
L'Italie, incapable en effet de reprendre l'avantage, doit jouer son billet à la loterie des tirs au but. Mais c'est Goycoechea qui décroche le gros lot, en repoussant la frappe de Donadoni, puis celle de Serena, parti vers le rond de craie comme on va à l'échafaud.
Voir Naples et mourir. La Squadra est brutalement arrêtée, à onze mètres de la finale. Au bout du drame, l'Argentine a mis l'Italie à sa botte. Cette fois, il n'y aura pas de nuit d'ivresse. Un pays pleure, déjà.
A San Paolo, Diego est toujours le roi.

Mercredi 4 juillet

« Inglesi, bastardi ! » Les deux mots s'étalent Piazza Bodini, en plein cœur de Turin. Plus violents qu'une insulte, pas très loin d'un cri de guerre.
Depuis dimanche, et le succès de l'Angleterre face

SÉVÈRE DUEL GASCOIGNE - KOHLER
L'Angleterre ne renonce jamais

au Cameroun, les cauchemars, les vieux démons sont remontés à la surface.
Ici, nul n'a oublié les trente-neuf morts du Heysel, nul n'oubliera jamais. Mais le sort, le sport ont voulu que les Anglais se produisent à Turin, contre la RFA, avec leurs cohortes de fans.
Le maire de la ville, Mme Magnani Noya, a certes tenté de déplacer ce match dont elle ne voulait pas. « De grâce, libérez-nous des hooligans », a-t-elle imploré, craignant autant les pulsions revanchardes des ultras italiens que les exactions coutumières des fous d'Albion.
Mais la demi-finale a bien lieu à Turin, où l'intervention musclée de la police évite le pire, à la gare, au parc Ruffino. Le match, en revanche, sera d'une correction exemplaire.
Les deux équipes ont emprunté des voies bien différentes jusqu'au stade des Alpes. Efficaces, sûrs d'eux, bien préparés, les Allemands n'ont jamais tremblé. Fourbus, chanceux, saoûlés de coups, les Anglais n'ont jamais soufflé. Mais ces derniers puisent encore dans leurs ressources, pour faire mentir les pronostics. « On ne lâchera pas, jamais », répète Bobby Robson.
La demi-finale est effectivement très équilibrée. Brehme libère l'Allemagne sur coup franc, exactement comme au Mexique, mais Lineker égalise, sur la seule erreur de la défense adverse.
Les Anglais doivent donc disputer leur troisième prolongation en trois matches, qui ne donne rien. Hormis un poteau partout, pour Waddle et Buchwald. Une fois encore, la rencontre se dénouera donc aux tirs au but.
Curieusement, le gardien allemand Illgner n'a jamais participé à une séance de penalties, de toute sa carrière pro, quand il prend place sur le but de gauche, côté Alpes. Mais la première est la bonne. Il arrête l'essai de Pearce, alors que Waddle tire hors du cadre. La RFA s'impose 4-3, et retrouvera l'Argentine, dimanche, quatre ans après Mexico.

MATTHAEUS CONSOLE WADDLE
Trois fois éliminé en demi-finale!

TOTO SCHILLACI EN OR, LA SQUADRA EN BRONZE
Le bouquet final

En valeureux capitaine, Matthaeus est aux anges. Mais en sportif, en homme de cœur, il n'oublie pas de consoler Waddle, le plus malheureux des Anglais. Coupe d'Europe, Coupe de France et maintenant Coupe du Monde : Chris a en effet été éliminé trois fois en demi-finales, en quelques semaines. Trois fois pour rien, ou presque…
« Mes joueurs avaient envie de pleurer, moi aussi. Mais j'ai tout de même retenu mes larmes, car on pouvait partir la tête haute », dira Robson.

Samedi 7 juillet

Signe des temps : pour la première fois de l'histoire du football, le nom des deux finalistes s'est donc décidé aux penalties. Italiens et Anglais pourraient être à Rome. Ils ne sont qu'à Bari, où le vent du sud souffle le chaud sur l'effroi d'une plaie béante.
Ces deux revers ont pourtant leur médaille. Elle sera de bronze, pour ceux qui la voudront le plus. Par chance, entre la lourdeur des jambes et le poids d'une déception, il reste encore une petite place pour l'envie, le jeu, le respect. Petite finale ne signifiera pas petit match.
A la maison, la Squadra se doit au moins de faire un podium. Même si elle a raté la marche du haut, sur le dernier chemin qui menait à Rome. Et l'Angleterre est l'Angleterre, c'est-à-dire une formation jamais battue. Et puis, il y a cette couronne de meilleur buteur, que Toto Schillaci veut aller chercher sur la tête du 10 d'en face, Gary Lineker, sacré au Mexique. Cette couronne qui est là, tout près, au bout d'un dernier coup de pied dans les Pouilles. « Toto, notre orgueil », proclame une banderole dans les travées de San Nicola.
Dans un match disputé, ouvert, vrai, les Italiens tentent alors tout pour le mettre en bonne position. Mais c'est Baggio qui trouve le premier l'ouverture, après une grossière erreur de Shilton.
Aucun Anglais n'en voudra au légendaire gardien, pourtant. Ce soir, il fait ses adieux, après cent vingt-cinq sélections et dix-neuf années en équipe nationale. Il a même été nommé capitaine.
On ne crache pas sur un monument.
Shilton est d'autant plus vite pardonné que Platt, encore lui, égalise d'une magnifique tête dans la lucarne, sur centre de Dorigo. Mais la dernière vedette du jour ne peut être que Schillaci. C'était dit, c'était écrit.
A cinq minutes de la fin, Joël Quiniou siffle un gentil penalty pour la Squadra. Un penalty taillé sur mesure pour Toto, lequel s'était pourtant défilé, à Naples, lors de la séance fatidique contre l'Argentine. Le Sicilien pose alors son ballon, et trompe une dernière fois le capitaine au long cours.
2-1. Le stade est debout, Schillaci est en or, les Italiens sont en bronze. Ils en oublient même le but superbe de Berti incroyablement refusé pour un hors-jeu né dans l'imaginaire d'un juge de touche.
Toto, le ragazzo adoré des quartiers populaires de Palerme, n'est pas champion du monde, mais il aura son tour d'honneur, avec la Squadra. Un tour sympa, émouvant, doublé d'une « ola », partagée avec les battus. La vague mexicaine, contre la vague à l'âme.

Dimanche 8 juillet

« Narigon » (gros nez) a du flair. Ce matin-là, Carlos Bilardo sent bien que son Argentine pourra difficilement résister à une Allemagne plus forte, plus complète et beaucoup plus soutenue.
La présence de son équipe en finale tient déjà du miracle. Elle n'a gagné que deux matches dans le jeu – URSS, Brésil – et marqué moins d'un but par rencontre, sans jamais dominer son sujet ni son adversaire. Sauf mardi à Naples.
Mais les Argentins ont payé cet exploit au prix fort : quatre joueurs sont suspendus, Giusti, Batista, Olarticoechea et surtout Caniggia, l'auteur des buts décisifs contre le Brésil et l'Italie. Caniggia, le porte-bonheur.
Pour ne rien arranger, Burruchaga et Maradona sont toujours diminués. Même si la firme Puma a confectionné une chaussure spéciale, très légère et flexible, pour alléger la douleur de Diego.
« Vous verriez sa cheville, vous prendriez peur », confie pourtant Juan Simon.
« Narigon » le sent, le sait. Cette Argentine-là ne peut pas gagner. Pas dans le cours du match, au moins. Trop de joueurs ne sont pas au niveau. Il ne reste

qu'une solution : hacher, casser le jeu des Allemands, tenir coûte que coûte, le plus longtemps possible, en espérant un hypothétique coup de chance ou un nouveau salut aux tirs au but. Quitte à tuer le spectacle. Il y aura un mort, ce soir...

Quatre ans, trois cent treize matches éliminatoires, cinquante-et-une rencontres italiennes, huit prolongations et quatre séances de tirs au but après Mexico, la Coupe du Monde s'est donné exactement les mêmes finalistes, mais on devine que l'Olimpico ne ressemblera pas à l'Azteca.

Tout plaide pour l'Allemagne, invaincue, meilleure attaque du tournoi, et, elle, au grand complet. Une Allemagne qui ne sacrifiera pas, cette fois, Matthaeus à la surveillance de Maradona. « Maintenant, ce sont les Argentins qui doivent surveiller Matthaeus », remarque Beckenbauer.

Les rôles sont totalement inversés, et les Sud-Américains paraissent bien seuls face à leur destin, quand un stade ennemi couvre de ses sifflets l'hymne argentin, arrachant des « fils de p... » à un Maradona écœuré.

Carlos Menem en a toutefois été épargné. Le Président est resté au pays. Depuis sa venue face au Cameroun, succédant à quelques présences malheureuses, il est considéré comme un « chat noir », dont les fans ne prononcent même plus le nom. Ils l'ont rebaptisé Carlos Mendez.

A Rome, devenue Francfort-sur-Tibre, le match ressemble, hélas ! à ce que l'on craignait. L'Allemagne domine, mais sans parvenir à marquer, et l'Argentine défend, sans jamais tenter de jouer, visant délibérément le 0-0. En quatre-vingt-dix minutes, le gardien Illgner n'aura qu'un seul arrêt à effectuer, sur un lob en retrait trop appuyé de Brehme...

En 1986, Maradona avait fait des pieds, des mains et des exploits pour conquérir la Coupe. Cette fois, privé de soutien, privé de football, il ne touche pas un ballon. Son coéquipier Monzon devient en revanche le premier expulsé de l'histoire en finale, récolte inéluctable d'une noire semence.

L'Allemagne pousse, pousse, mais l'accouchement est difficile. L'arbitre mexicain Codesal, gynécologue de métier, intervient alors pour la soulager. A la 85e minute, il siffle penalty quand Sensini déséquilibre Voeller dans la surface. Faute, pas faute ? La sanction se discute, mais pas le coup de pied de Brehme, idéalement placé.

La RFA mène, enfin. Elle a ce qu'elle mérite.

L'Argentine aussi, qui termine à neuf, après l'exclusion de Dezotti. « On ne pouvait pas vaincre. Trop de joueurs n'étaient pas au niveau », confirmera Bilardo-Narigon, qui avait senti le coup.

Le match n'a pas été sain, mais le football est sauf. Les meilleurs ont gagné, au terme d'une finale qui a curieusement résumé toute la compétition : absence de buts et de spectacle, défense renforcée, problèmes d'arbitrage, pluie de cartons et décision sur penalty. Le tour du Mondiale en quatre-vingt-dix minutes.

Alors que toute l'Allemagne fête déjà son troisième titre, record du Brésil et de l'Italie égalé, s'inscrit déjà le panneau Fin. « Ciao Italia, Hello USA ».

A la croisée des chemins, on ne sait encore quel football triomphera sous la bannière étoilée, stars, ou tripes. Mais on a mal pour un champion qui n'en sera pas. Un champion en larmes, là, sur la pelouse de l'Olimpico. On souffre pour Diego, entre chagrin et pitié.

PENALTY DE BREHME
La RFA mène, enfin...

VOELLER STOPPÉ PAR SIMON
Une Argentine trop défensive

MARADONA EN LARMES
Le rêve brisé

LA COUPE DANS DE BONNES MAINS
La meilleure équipe a gagné

La saga des « Lions indomptables »

Ils n'ont pas gagné la Coupe du Monde, mais ils en ont été les héros. Héros d'une aventure qui a commencé contre l'Argentine, dès le match d'ouverture, pour s'achever au bout d'un inoubliable quart de finale contre l'Angleterre.
Par leurs coups de génie, leurs coups de folie, les Camerounais ont animé une compétition qui manquait de fantaisie.
Ils sont entrés à tout jamais dans les cœurs et dans la légende.
Pendant un mois, Jean-François Giraud a suivi les Lions pas à pas, pour l'AFP.
Il a vécu leurs joies, leurs drames, partagé leurs émotions. Il nous emmène dans les coulisses de l'exploit.

En ce 8 juin, le majestueux stade San Siro se remplit peu à peu. Dans un peu moins d'une heure, M. Vautrot donnera le coup d'envoi du Mondiale.
Sur la pelouse, de superbes jeunes femmes défilent, habillées aux couleurs des vingt- quatre équipes participantes. Dans les entrailles de l'immense arène de béton, Camerounais et Argentins se préparent et se retrouvent, le temps de quelques minutes, dans la salle d'échauffement.
« Nous sommes arrivés les premiers, raconte François Omam Biyik. Pour nous libérer, nous avons comencé à entonner des vieux chants de chez nous. Lorsque les Argentins nous ont rejoints, après un moment de surprise, ils se sont eux aussi mis à chanter. Mais nous avons encore haussé le ton, en les regardant bien dans les yeux, et ils ont brusquement regagné leurs vestiaires. C'est difficile à croire, mais je suis certain que nous avons pris un avantage psychologique. Nous sommes entrés sur le terrain en pensant que nous allions réussir un truc... »
Les faits vont donner raison à l'avant-centre des « Lions indomptables » : on joue depuis soixante-six minutes. André Kana Biyik vient d'être expulsé. Le cadet des Biyik s'élève haut, très haut dans les airs, pour propulser le ballon dans les buts de l'infortuné Pumpido. Les Argentins, méconnaissables depuis le début de la partie, sont K. O. debout. Le match, bien décevant jusque-là, s'achève dans une ambiance de folie.
Un certain Roger Milla fait même une courte apparition sur la pelouse et, en sept petites minutes, montre qu'il n'a rien perdu de ses

LE CAMEROUN 1990
Formidable équipe

immenses qualités à 38 ans. Le Cameroun termine la rencontre à neuf, après la nouvelle expulsion de Benjamin Massing, mais bat le champion du monde en titre !
La folle et incroyable aventure des « Lions indomptables » commence. Personne, dans les instants de folie qui suivent le match, ne se doute qu'elle va se poursuivre très loin.
Folle et incroyable, pour qui avait vu trois mois plus tôt cette même équipe errer comme une âme en peine à Annaba, lors de la 17e Coupe d'Afrique des Nations.
Folle et incroyable, pour qui avait assisté, quatre jours avant le match d'ouverture, au « coup de gueule » de Joseph-Antoine Bell, le brillant gardien des « Lions indomptables » et des Girondins de Bordeaux. A peine débarqués à Milan, il a mis en cause, dans des termes très durs, la préparation de l'équipe, notamment lors du stage d'un mois en Yougoslavie. Propos confirmés, mais sur un mode mineur, par la plupart des professionnels.
Folle et incroyable, pour les rares témoins des très dures discussions qui ont opposé dirigeants et joueurs au sujet des primes, jusqu'à la veille du match contre l'Argentine.
Laissons « Monsieur Jo », le porte-parole principal des joueurs, s'exprimer sur cette affaire : « Mardi, rien n'était encore réglé. Nous avons alors menacé

ONANA ET ANDONE
La Roumanie va pleurer

de ne plus nous entraîner ». Finalement, après accord avec les plus hautes instances du pays – la présence du président du Cameroun, M. Paul Biya, venu au match d'ouverture, a bien facilité les choses –, les « Lions » ont obtenu gain de cause. « C'est une grande première en Afrique, explique Bell. Pour une fois, les sportifs, premiers concernés, ont retiré les fruits de leurs efforts, et non les dirigeants. Grâce à notre solidarité et notre détermination, nous avons gagné ce combat, qui doit servir d'exemple à tous les sportifs africains ». De fait la Coupe du Monde rapportera à chacun des vingt-deux joueurs vingt-huit millions de francs CFA (560 000 F) de primes, sans compter les dons et avantages en nature octroyés par les mécènes camerounais et africains. Un vrai pactole, sachant que le salaire moyen avoisine les 75 000 francs CFA (1 500 francs) au Cameroun...
La perspective d'obtenir des sommes importantes (60 000 F par victoire) galvanise incontestablement les joueurs, certes appâtés par l'argent, mais pas mercenaires pour autant, comme le souligne Oman Biyik : « Nous avons voulu prouver sur le terrain que nous méritions ce que nous demandions. » Un homme a toutefois payé tous ces remous d'avant Mondiale. Joseph-Antoine Bell a eu le « tort » de dire tout haut ce que la plupart pensaient tout bas. A sept heures du match d'ouverture, il a ainsi été écarté, après une réunion de certains dirigeants ne lui pardonnant pas ses prises de position. « Les entraîneurs, qui m'avaient toujours assuré que je serais le titulaire, étaient bien embêtés. Je savais que la décision ne venait pas d'eux. Un jour, lorsque mon fils sera en âge de comprendre, je lui expliquerai pourquoi son père n'a pas joué la Coupe du Monde. Je lui dirai que, dans la vie, le combat pour la vérité n'est jamais aisé, mais qu'il vaut la peine d'être mené. »
Le malheur de Bell, déjà remplaçant de Nkono au Mundial espagnol de 1982, fait évidemment le bonheur du grand Thomas. Mais il s'est passé bien

BUT DE ROGER MILLA
Un junior de 38 ans

LE CAMEROUN A L'HEURE D'UN MATCH
La fierté de toute l'Afrique

des choses dans la tête de la « panthère noire » lorsqu'il a appris, en fin de matinée, qu'il garderait les buts du Cameroun à San Siro. « Au départ, j'ai refusé de jouer. Je n'étais pas prêt psychologiquement. Mais, après avoir discuté avec mes coéquipiers et ma femme, je me suis finalement jeté à l'eau, toutefois conscient des risques énormes que je prenais. » On connaît la suite...

Quelques heures après leur victoire sur les champions du monde, les Camerounais planent encore sur leur nuage. A leur retour à l'hôtel Palacio de Varèse, un immense gâteau les attend. Le score y est inscrit, en lettres géantes.

Les joueurs ne réalisent pas encore la portée de leur exploit. Ni ne s'imaginent la suite du scénario. L'heure est aux chants, aux réjouissances, que partage le père Jean Allieni, prêtre depuis vingt ans à Sangmelima, village natal du président de la république camerounaise, et grand amateur de football. Signe du destin que la présence de cet homme de Dieu, côtoyant quelques sorciers camerounais, et qui prédisait déjà un bel avenir aux « Lions ».

Au lendemain de leur exploit, les Camerounais mettent le cap sur la petite localité de Selva Di Fasano, leur lieu de retraite, en pleine nature, à soixante-dix kilomètres de Bari. C'est là, dans le coquet petit stade de l'équipe locale, loin de la grande foule et avec pour voisins les.... lions d'un zoo tout proche, que les « indomptables » vont forger leurs prochains succès. Totalement décomplexés par leur victoire du premier jour, Stephen Tataw et ses coéquipiers, remplaçants compris, tissent entre eux des liens très forts, formant finalement une grande famille. Et c'est avec un moral de vainqueurs qu'ils abordent le deuxième acte de leur saga, le 14 juin, dans le magnifique stade de San Nicola de Bari. Contre la Roumanie, ils abandonnent, fidèles à leur tactique, la direction du jeu à leurs adversaires.

En attendant l'entrée en scène de « Magic Milla », à la 59e minute.Valéri Nepomniachi et son adjoint, Jean Manga Onguene, rappellent alors le jeune Emmanuel Maboang sur le banc de touche. Et, à la première balle qu'il touche, Roger embarque son vis-à-vis Andone. Ses appels de balle, ses feintes de corps, ses départs en dribble sèment la perturbation au sein de l'arrière-garde roumaine. Tout, néanmoins, se joue en dix minutes.

77e : sur une balle aérienne, Milla est à la lutte avec Andone. Les deux hommes roulent à terre, le Camerounais est le plus prompt à se relever et trompe Silvio Lung. Explosion de joie, et direction sur le poteau de corner, pour le plus vieux joueur de champ en activité dans ce Mondiale. Là, il exécute sa danse du ventre avant de tomber dans les bras de ses camarades. La fantastique histoire Milla commence....

87e : ouverture du « rasta-man » Cyrille Makanaky sur la droite pour Milla, qui prend de vitesse toute la défense roumaine et bat Lung d'un tir tendu à mi-hauteur. Le but de Balint, une minute plus tard, ne changera rien à l'affaire.

Milla 2 / Roumanie 1. Le Cameroun est déjà en huitièmes de finale, par la grâce d'un ex-retraité qui coulait des jours heureux à l'île de la Réunion, au sein du club de division d'honneur de la Saint-Pierroise... « Je savais que je jouais gros en acceptant de revenir en équipe nationale, explique alors celui qui va devenir une des grandes stars du Mondiale. Mais je ne pouvais pas décevoir les supporters camerounais à la base de mon retour. Au départ, les joueurs n'ont pas compris pourquoi je sortais de ma retraite. Je les ai convaincus, aux entraînements et en match. »

« C'est vrai qu'au début nous n'étions pas partisans du retour de Roger », reconnaît Omam Biyik. Souvent interrogé par la suite sur les secrets de son extraordinaire longévité, Milla, véritable dieu au Cameroun et en Afrique, répond à chaque fois par trois mots : travail, hygiène de vie, passion.

Il faut l'avoir suivi à l'entraînement pour comprendre que, dès qu'il touche le ballon, Milla est transformé. Cette boule, il l'aime à la folie. Lors de l'ultime entraînement à Caserta, à la veille du quart de finale contre l'Angleterre, il s'amusait, un peu à l'écart du groupe, à jongler avec une balle de tennis avec une habileté diabolique.

« J'aimerais jouer jusqu'à cinquante ans. Mourir sur un terrain », plaisante t-il parfois. Comme Molière en scène. En attendant, celui qui débuta avec les « Lions » en... 1973, et évolua successivement aux Léopards de Douala, au Tonnerre de Yaoundé, puis à Valenciennes, Monaco, Bastia, Saint-Étienne et Montpellier, se lance dans le show-biz.

Il vient de sortir un quarante-cinq tours, et un album – un hymne à l'Afrique – est en projet. Mais il n'a pas pour autant l'intention de raccrocher.

« Je me sens encore capable de jouer au plus haut niveau, mais pas en France. » Roger garde un peu rancune aux présidents de clubs français qui ne l'ont pas jugé bon un an plus tôt, en 1989. Autant le succès contre l'Argentine a été fêté dans le délire, autant celui devant la Roumanie – et la qualificaton – est accueilli avec beaucoup de flegme. Preuve que les Camerounais ont pris conscience de leurs possibilités.
Les « Lions » ont déjà l'esprit tourné vers leur huitième de finale, et la parenthèse malheureuse face à l'URSS (0-4) n'altère en rien leur préparation. Mieux même, elle ramène sur terre certains joueurs quelque peu démobilisés. Entre le 18 et le 23 juin, l'heure est au travail, mais aussi à la récupération. « Il fallait trouver l'exact dosage entre les deux », dira l'énigmatique Soviétique Nepomniachi, qui n'avait jamais entraîné d'équipe de haut niveau dans son pays avant de succéder à Claude Le Roy, fin 1988.
Cet homme discret, comprenant bien mieux le français qu'il ne veut bien le dire, s'est entouré d'adjoints compétents, Manga Onguene, Michel Kaham et Jules Nyongha, et jamais il n'y a eu interférence entre eux. Utilisant Milla à très bon escient, sachant bien analyser le jeu de ses adversaires, il a sa part dans le succès camerounais. Mais l'essentiel, ce sont les joueurs eux-mêmes qui l'ont bâti. « Une très bonne lecture du jeu de l'adversaire, une grande intelligence tactique, une formidable solidarité, une traditionnelle force physique, le talent de quelques joueurs et l'incomparable Roger Milla. » Telles auront été pour Claude Le Roy, présent en Italie, les principales raisons de la formidable carrière des Camerounais.
Le 23 juin, au stade San Paolo de Naples, le Cameroun dépasse le Maroc, seule équipe à avoir accédé, avant lui, aux huitièmes de finale de la Coupe du Monde. Et c'est encore le roi Milla qui met fin à un très long suspense. Entré en jeu à la 54e minute, l'aîné des « Lions » rugit encore à deux reprises. 106e minute : sur une superbe ouverture en profondeur d'Oman Biyik, il s'échappe sur le flanc gauche et trompe le gardien colombien Higuita d'un tir à mi-hauteur. 109e minute : il subtilise le ballon à Higuita, qui a tenté, folle imprudence, de le dribbler à trente mètres de sa ligne, et marque dans la cage vide. Le but inscrit par Redin, à la 117e, n'a plus aucune importance. Le Cameroun est en quarts de finale. Dans les tribunes, le ministre de la Jeunesse et des Sports camerounais, le Dr Joseph Fofé, peut brandir son fouet fétiche, comme à chaque but de son équipe. Au pays, et aux quatre coins du continent, l'Afrique chante et danse à nouveau au rythme du makossa, ce son « inventé » par cet autre Camerounais célèbre qu'est Manu Dibango.

ROGER LE LION, SUPERBE ET GÉNÉREUX
Plus indomptable que jamais

« Nos laboratoires [NDLR : on entend par laboratoires, en Afrique, les confréries de sorciers mobilisées pour faire triompher leurs équipes de football] ont encore bien travaillé », dit-il dans un grand éclat de rire. « Plus sérieusement, cette nouvelle victoire récompense le talent et le travail de nos joueurs. J'espère que plus personne ne parlera de surprise pour qualifier nos succès, et que l'Afrique sera désormais prise au sérieux. »
Ce nouvel exploit, les joueurs le fêtent dans une ambiance qui rappelle celle du premier soir. Dans une des salles de l'hôtel Reggia Palace, à Caserta, ils donnent libre cours à leur joie. Les vieux chants guerriers camerounais se succèdent, le champagne coule à flots. « Nous avons franchi un nouveau palier en accédant aux quarts de finale, explique l'imperturbable Thomas Nkono. Désormais, tout peut arriver ».
Le mal du pays, que commençaient à ressentir de nombreux joueurs – les amateurs ont quitté le Cameroun depuis le 1er mai –, a subitement disparu. Impossible n'est pas camerounais ce soir. Dimanche 1er juillet, 21 heures.
Le stade San Paolo de Naples ne sait pas encore qu'il s'apprête à vivre l'un des plus beaux matches du Mondiale. Dans la chaleur d'une superbe nuit d'été, avec le vénérable Vésuve en toile de fond, et sous les yeux de Yannick Noah, venu partager un grand moment d'émotion avec ses frères, les « Lions » montrent leur vrai visage et font tourner en bourrique des Anglais dont la superbe affichée avant le début de la rencontre s'est envolée.
Le Cameroun est mené 0-1, contre le cours du jeu, depuis la 25e minute. Mais Milla, une fois de plus, se montre décisif. 61e minute : sur une ouverture lumineuse d'Omam Biyik, Roger s'engouffre dans la surface de réparation, et Butcher n'a d'autre recours que de le faucher. Kundé transforme le penalty. 64e minute : Roger offre un « caviar » à Ekéké, qui donne l'avantage aux siens.
Mais les dieux du football ne sont pas camerounais, en cette fin de soirée napolitaine. Alors qu'ils se créent plusieurs occasions nettes, les Africains concèdent l'égalisation (83e minute), puis la défaite (105e minute) sur deux penalties, cette fois transformés par Gary Lineker. Le Cameroun est éliminé, après avoir livré son meilleur match, malgré l'absence de quatre titulaires, suspendus.
Sur le moment, les joueurs ne se rendent pas encore bien compte qu'ils sont passés à côté de quelque chose de géant. En guise d'adieu au Mondiale et à l'Italie, ils entament un tour d'honneur sous les acclamations du public napolitain. Même les supporteurs anglais, qui les ont sifflés durant toute la partie, les applaudissent.
Ce n'est qu'à leur retour à l'hôtel, un peu après une heure du matin, que les joueurs réalisent. Très lucides, ils reconnaissent avoir perdu par péché

d'orgueil. « A 2-1 en notre faveur, nous aurions dû fermer la porte, mais nous nous sentions euphoriques et nous avons continué d'attaquer », souligne ainsi Makanaky. « Les Anglais étaient à genoux », renchérit Milla, qui regrette le manque de réalisme de son équipe. Malgré l'accueil enthousiaste de leurs supporteurs, plus l'on s'enfonce vers le petit matin, et plus les regrets sont lourds chez les « Lions », même s'ils ont pleinement justifié leur surnom d'« indomptables ».
Appellation officielle de toutes les équipes nationales camerounaises dans les sports collectifs, depuis 1972. Une année maudite entre toutes pour le football camerounais, qui avait été éliminé, chez lui, en demi-finale de la Coupe d'Afrique des Nations par le Congo de François M'Pelé.

MAKANAKY, DEVANT WALKER
L'Angleterre au bord du KO

Les dirigeants du Cameroun avaient alors décidé, afin que les « Lions » ne connaissent plus jamais semblable humiliation, de leur ajouter le qualificatif d' « indomptables ». Depuis lors, jamais les joueurs d'Afrique centrale, même lors de leurs rares défaites, n'ont manqué de courage et de vaillance, l'une des caractéristiques principales du footballeur camerounais. Milla, Nkono, Tataw, Massing, Onana, Kundé, Ndip, Ebwellé, Mbouh, Kana Biyik, Makanaky, Omam Biyik, Mfédé, Pagal, Maboang, Libiih, Ekéké, Djonkep, les dix-huit qui ont pris part, sur le terrain, à la merveilleuse saga, mais aussi Bell, écarté pour les raisons que l'on sait, Songo'o, Feutmba et Yombi, les habitués du banc de touche, ont bien mérité de voir leurs noms entrer dans l'histoire du football.

OMAM BIYIK CONTRE LA COLOMBIE
Une volonté farouche

LES RESULTATS

Championnat de France de première division

	Pts	J.	G.	N.	P.	bp.	bc.	Diff.
1. Marseille	53	38	22	9	7	75	34	+41
2. Bordeaux	51	38	22	7	9	51	25	+26
3. Monaco	46	38	15	16	7	38	24	+14
4. Sochaux	43	38	17	9	12	46	39	+7
5. Paris SG	42	38	18	6	14	50	48	+2
6. Auxerre	41	38	14	13	11	49	40	+9
7. Nantes	40	38	13	14	11	42	34	+8
8. Lyon	39	38	14	11	13	43	41	+2
9. Toulouse	38	38	13	12	13	39	39	0
10. Brest	38	38	15	8	15	39	44	-5
11. Cannes	36	38	12	12	14	44	50	-6
12. Toulon	35	38	12	11	15	35	50	-15
13. Montpellier	34	38	12	10	16	49	48	+1
14. Metz	34	38	8	18	12	33	36	-3
15. Saint-Étienne	34	38	11	12	15	38	46	-8
16. Caen	34	38	12	10	16	34	48	-14
17. Lille	33	38	12	9	17	43	52	-9
18. Nice	31	38	9	13	16	34	48	-14
19. RP1	30	38	10	10	18	39	59	-20
20. Mulhouse	28	38	9	10	19	42	58	-16

Relégués en deuxième division : RP1, Mulhouse.
Accèdent à la première division : Nancy, Rennes.

Barrages pour l'accession à la première division
Strasbourg bat Rouen 2-0
Valenciennes bat Nîmes 3-1
Strasbourg bat Valenciennes 0-0 et 3-2 après prolongation
Nice bat Strasbourg 1-3 et 6-0

Club par club

Auxerre

A domicile :

Bat : Nice (1-0), RP1 (2-0), Caen (3-0), Toulon (2-0), Mulhouse (3-1), Montpellier (2-1), Lille (3-0), Saint-Étienne (2-1), Brest (3-1), Cannes (1-0), Paris SG (2-0).

Nul avec : Toulouse (2-2), Monaco (0-0), Bordeaux (1-1), Metz (1-1), Sochaux (1-1), Nantes (0-0).

Battu par : Lyon (1-0), Marseille (2-0).

A l'extérieur :

Bat : Monaco (4-2), Bordeaux (1-0), Mulhouse (2-1).

Nul avec : Sochaux (0-0), Cannes (2-2), Paris SG (1-1), Marseille (1-1), Nice (1-1), Toulouse (1-1), Lyon (1-1).

Battu par : Nantes (2-1), Metz (2-1), Montpellier (1-0), Lille (2-1), Saint-Étienne (4-1), Brest (2-1), RP1 (3-1), Caen (1-0), Toulon (1-0).

Bordeaux

A domicile :

Bat : RP1 (4-0), Sochaux (1-0), Saint-Étienne (1-0), Brest (3-0), Cannes (2-0), Mulhouse (1-0), Marseille (3-0), Nantes (3-0), Nice (3-0), Montpellier (2-0), Lille (3-1), Caen (2-1), Toulon (2-1), Paris SG (3-0), Lyon (2-0), Toulouse (2-1), Metz (1-0).

Nul avec : Monaco (0-0).

Battu par : Auxerre (1-0).

A l'extérieur :

Bat : Montpellier (2-1), Lille (1-0), Toulon (2-0), Toulouse (1-0), RP1 (3-1).

Nul avec : Metz (0-0), Paris SG (1-1), Auxerre (1-1), Lyon (0-0), Saint-Étienne (1-1), Mulhouse (0-0).

Battu par : Caen (1-0), Monaco (2-0), Sochaux (2-0), Brest (2-0), Cannes (3-0), Marseille (2-0), Nantes (1-2), Nice (1-0).

Brest

A domicile :

Bat : Lille (1-0), Caen (2-1), Cannes (2-0), Auxerre (2-1), Metz (2-0), RP1 (2-0), Toulon (2-1), Bordeaux (2-0), Mulhouse (2-0), Marseille (2-1), Nantes (3-2), Nice (3-0), Sochaux (1-0).

Nul avec : Toulouse (0-0), Saint-Étienne (0-0), Monaco (1-1), Montpellier (1-1).

Battu par : Paris SG (1-0), Lyon (2-0).

A l'extérieur :

Bat : Nice (1-0), Lille (2-1).

Nul avec : Montpellier (1-1), Cannes (1-1), Metz (1-1), RP1 (1-1).

Battu par : Sochaux (1-0), Saint-Étienne (2-0), Toulon (2-0), Monaco (2-0), Bordeaux (3-0), Mulhouse (2-0), Marseille (1-0), Nantes (1-0), Caen (2-1), Paris SG (3-1), Lyon (4-0), Auxerre (3-1), Toulouse (2-1).

Caen

A domicile :

Bat : Saint-Étienne (3-2), Bordeaux (1-0), Nantes (2-0), Mulhouse (1-0), Paris SG (2-0), Montpellier (3-2), Brest (2-1), Cannes (1-0), Auxerre (1-0), Metz (1-0), RP1 (1-0), Lille (2-0).

Nul avec : Monaco (1-1), Nice (1-1), Toulon (2-2), Lyon (1-1), Sochaux (1-1).

Battu par : Marseille (2-0), Toulouse (1-0).

A l'extérieur :

Nul avec : Metz (0-0), RP1 (0-0), Saint-Étienne (0-0), Nantes (0-0), Mulhouse (0-0).

Battu par : Lille (1-0), Toulon (2-0), Brest (2-1), Cannes (3-1), Auxerre (3-0), Lyon (2-1), Toulouse (2-1), Sochaux (5-0), Monaco (2-1), Bordeaux (2-1), Paris SG (3-1), Nice (1-0), Montpellier (5-1), Marseille (1-0).

Cannes

A domicile :

Bat : Lille (3-0), Caen (3-1), Paris SG (3-1), Lyon (2-1), Metz (1-0), RP1 (3-1), Bordeaux (3-0), Mulhouse (4-1), Nantes (2-1), Nice (1-0).

Nul avec : Toulon (0-0), Monaco (0-0), Auxerre (2-2), Toulouse (2-2), Sochaux (1-1), Saint-Étienne (0-0), Brest (1-1), Marseille (2-2), Montpellier (1-1).

A l'extérieur :

Bat : Toulon (1-0), Lyon (1-0).
Battu par : Montpellier (4-1), RP1 (3-2), Sochaux (3-0), Saint-Étienne (1-0), Brest (2-0), Bordeaux (2-0), Mulhouse (1-0), Nantes (1-0), Nice (2-0), Lille (2-1), Caen (1-0), Paris SG (5-1), Auxerre (1-0), Toulouse (4-0).

Lyon

A domicile :
Bat : Toulouse (3-0), Nice (2-0), Lille (2-1), Caen (2-1), Mulhouse (3-1), Montpellier (3-1), Brest (4-0), Toulon (3-2).
Nul avec : RP1 (1-1), Bordeaux (0-0), Nantes (0-0), Metz (0-0), Saint-Étienne (0-0), Auxerre (1-1).
Battu par : Marseille (4-1), Sochaux (4-0), Monaco (2-0), Cannes (1-0), Paris SG (2-1).
A l'extérieur :
Bat : Metz (3-2), Brest (2-0), Paris SG (1-0), Auxerre (1-0), RP1 (1-0), Marseille (1-0).
Nul avec : Toulon (1-1), Toulouse (0-0), Lille (0-0), Caen (1-1), Mulhouse (4-4).
Battu par : Nantes (2-1), Montpellier (2-0), Saint-Étienne (1-0), Cannes (2-1), Nice (1-0), Sochaux (1-0), Monaco (1-0), Bordeaux (2-0).

Lille

A domicile :
Bat : Caen (1-0), Auxerre (2-1), Nantes (1-0), Marseille (2-0), Montpellier (1-0), Sochaux (5-0), Toulon (3-0), Cannes (2-1), Paris SG (2-0), Toulouse (3-0), RP1 (2-1), Metz (2-1).
Nul avec : Monaco (1-1), Mulhouse (1-1), Nice (1-1), Lyon (0-0), Saint-Étienne (2-2).
Battu par : Bordeaux (1-0), Brest (2-1).
A l'extérieur :
Nul avec : Nice (1-1), Metz (1-1), Monaco (1-1), Toulon (1-1).
Battu par : Brest (1-0), Cannes (3-0), Paris SG (2-1), Lyon (2-1), Toulouse (3-1), RP1 (2-0), Saint-Étienne (2-1), Bordeaux (3-1), Mulhouse (2-1), Auxerre (3-0), Nantes (1-0), Marseille (4-1), Montpellier (5-0), Sochaux (1-0), Caen (2-0).

Marseille

A domicile :
Bat : Nantes (1-0), Metz (2-1), Montpellier (2-0), Sochaux (6-1), Saint-Étienne (2-0), Brest (1-0), Paris SG (2-1), Toulouse (6-1), Nice (3-0), RP1 (4-1), Toulon (3-0), Lille (4-1), Bordeaux (2-0), Mulhouse (3-1), Caen (1-0).
Nul avec : Cannes (1-1), Auxerre (1-1), Monaco (2-2).
Battu par : Lyon (1-0).
A l'extérieur :
Bat : Lyon (4-1), Monaco (3-1), Toulon (4-0), Mulhouse (2-1), Caen (2-0), Sochaux (2-0), Auxerre (2-0).
Nul avec : Nice (1-1), RP1 (1-1), Nantes (0-0), Montpellier (1-1), Saint-Étienne (0-0), Cannes (2-2).
Battu par : Toulouse (2-1), Lille (2-0), Bordeaux (3-0), Metz (3-2), Brest (2-1), Paris SG (2-1).

Metz

A domicile :
Bat : Auxerre (2-1), Sochaux (2-0), Monaco (1-0), Marseille (3-2), Toulouse (3-0), Montpellier (1-0), Saint-Étienne (1-0).
Nul avec : Bordeaux (0-0), Nantes (1-1), Nice (0-0), Caen (0-0), Toulon (0-0), Lille (1-1), Mulhouse (1-1), RP1 (0-0), Brest (1-1), Cannes (2-2).
Battu par : Lyon (3-2), Paris SG (1-0).
A l'extérieur :
Bat : Montpellier (2-1).
Nul avec : Mulhouse (2-2), RP1 (1-1), Auxerre (1-1), Lyon (0-0), Nantes (0-0), Nice (0-0), Toulon (1-1), Sochaux (0-0).
Battu par : Paris SG (1-0), Marseille (2-1), Toulouse (2-0), Saint-Étienne (4-3), Brest (2-0), Cannes (1-0), Caen (1-0), Lille (2-1), Monaco (1-0), Bordeaux (1-0).

Monaco

A domicile :
Bat : Sochaux (2-1), Brest (2-0), Bordeaux (2-0), Nice (1-0), Montpellier (1-0), Caen (2-1), Toulon (2-1), Paris SG (2-0), Lyon (1-0), Toulouse (2-0), Metz (1-0), RP1 (4-0).
Nul avec : Saint-Étienne (0-0), Nantes (0-0), Mulhouse (0-0), Lille (1-1), Cannes (0-0).
Battu par : Marseille (3-1), Auxerre (4-2).
A l'extérieur :
Bat : Lyon (2-0), Toulouse (1-0), Saint-Étienne (2-0).
Nul avec : RP1 (0-0), Lille (1-1), Caen (1-1), Cannes (0-0), Auxerre (0-0), Brest (1-1), Marseille (2-2), Bordeaux (0-0), Nantes (0-0), Mulhouse (1-1), Montpellier (0-0).
Battu par : Toulon (2-0), Paris SG (2-1), Metz (1-0), Sochaux (1-0), Nice (1-0).

Montpellier

A domicile :
Bat : Cannes (4-1), Auxerre (1-0), Lyon (2-0), Toulouse (1-0), RP1 (2-1), Toulon (3-0), Paris SG (2-0), Nantes (2-1), Nice (1-0), Sochaux (2-0), Lille (5-0), Caen (5-1).
Nul avec : Saint-Étienne (3-3), Brest (1-1), Mulhouse (3-3), Marseille (1-1), Monaco (0-0).
Battu par : Bordeaux (2-1), Metz (2-1).
A l'extérieur :
Nul avec : Nantes (1-1), Toulouse (0-0), RP1 (0-0), Brest (1-1), Cannes (1-1).
Battu par : Mulhouse (2-0), Paris SG (2-1), Marseille (2-0), Nice (3-0), Sochaux (3-1), Lille (1-0), Caen (3-2), Monaco (1-0), Bordeaux (2-0), Auxerre (2-1), Lyon (3-1), Metz (1-0), Toulon (3-0), Saint-Étienne (1-0).

Mulhouse

A domicile :
Bat : Montpellier (2-0), Toulon (4-0), Brest (2-0), Cannes (1-0), Paris SG (1-0), Nice (1-0), RP1 (4-2), Lille (2-1), Toulouse (1-0).
Nul avec : Metz (2-2), Caen (0-0), Bordeaux (0-0), Monaco (1-1), Lyon (4-4).
Battu par : Saint-Étienne (2-1), Marseille (2-1), Nantes (2-0), Sochaux (2-1), Auxerre (2-1).
A l'extérieur :
Nul avec : Lille (1-1), Sochaux (0-0), Monaco (0-0), Montpellier (3-3), Metz (1-1).
Battu par : Toulouse (3-0), Nice (2-0), RP1 (2-1), Caen (1-0), Bordeaux (1-0), Auxerre (3-1), Lyon (3-1), Toulon (2-1), Saint-Étienne (3-0), Brest (2-0), Cannes (4-1), Paris SG (1-0), Marseille (3-1), Nantes (3-2).

Nantes

A domicile :
Bat : Auxerre (2-1), Lyon (2-1), RP1 (5-1), Saint-Étienne (2-0), Brest (1-0), Cannes (1-0), Lille (1-0), Toulon (4-0), Bordeaux (2-1), Mulhouse (3-2).
Nul avec : Nice (2-2), Montpellier (1-1), Marseille (0-0), Metz (0-0), Caen (0-0), Monaco (0-0).
Battu par : Sochaux (1-0), Paris SG (1-0), Toulouse (1-0).
A l'extérieur :
Bat : Mulhouse (2-0), Nice (2-1), Sochaux (3-1).
Nul avec : Toulouse (1-1), Metz (1-1), Monaco (0-0), Toulon (0-0), Lyon (0-0), Saint-Étienne (0-0), Paris SG (2-2), Auxerre (0-0).
Battu par : Marseille (1-0), Caen (2-0), Lille (1-0), Bordeaux (3-0), RP1 (2-1), Montpellier (2-1), Brest (3-2), Cannes (2-1).

Nice

A domicile :
Bat : Mulhouse (2-0), Montpellier (3-0), Cannes (2-0), Lyon (1-0), RP1 (2-0), Caen (1-0), Monaco (1-0), Bordeaux (1-0).
Nul avec : Paris SG (3-3), Marseille (1-1), Toulouse (1-1), Lille (1-1), Auxerre (1-1), Metz (0-0).
Battu par : Sochaux (4-2), Saint-Étienne (3-1), Brest (1-0), Nantes (2-1), Toulon (2-1).
A l'extérieur :
Bat : Toulouse (1-0).
Nul avec : Nantes (2-2), Metz (0-0), Toulon (1-1), Caen (1-1), Lille (1-1), Sochaux (1-1), Saint-Étienne (0-0).
Battu par : Auxerre (1-0), Lyon (2-0), RP1 (5-1), Monaco (1-0), Bordeaux (3-0), Mulhouse (1-0), Marseille (3-0), Montpellier (1-0), Brest (3-0), Cannes (1-0), Paris SG (2-1).

Paris SG

A domicile :
Bat : Metz (1-0), Montpellier (2-1), Lille (2-1), Monaco (2-1), Sochaux (1-0), Saint-Étienne (2-0), Brest (3-1), Cannes (5-1), Caen (3-1), Mulhouse (1-0), Marseille (2-1), Nice (2-1).
Nul avec : Toulon (1-1), Bordeaux (1-1), Auxerre (1-1), Nantes (2-2).
Battu par : Lyon (1-0), Toulouse (1-0), RP1 (2-1).
A l'extérieur :
Bat : Saint-Étienne (2-1), Brest (1-0), Nantes (1-0), Metz (1-0), Toulon (3-0), Lyon (2-1).
Nul avec : Nice (3-3), RP1 (2-2).
Battu par : Sochaux (1-0), Cannes (3-1), Caen (2-0), Mulhouse (1-0), Marseille (2-1), Montpellier (2-0), Lille (2-0), Monaco (2-0), Bordeaux (3-0), Auxerre (2-0), Toulouse (4-1).

RP1

A domicile :
Bat : Cannes (3-2), Mulhouse (2-1), Nice (5-1), Lille (2-0), Nantes (2-1), Auxerre (3-1), Toulouse (1-0), Saint-Étienne (3-0).
Nul avec : Monaco (0-0), Marseille (1-1), Paris SG (2-2), Metz (1-1), Caen (0-0), Montpellier (0-0), Sochaux (1-1), Brest (1-1).
Battu par : Toulon (2-0), Bordeaux (3-1), Lyon (1-0).
A l'extérieur :
Bat : Saint-Étienne (1-0), Paris SG (2-1).
Nul avec : Lyon (1-1), Metz (0-0).
Battu par : Bordeaux (4-0), Nantes (5-1), Auxerre (2-0), Toulouse (1-0), Montpellier (2-1), Sochaux (2-0), Brest (2-0), Cannes (3-1), Mulhouse (4-2), Marseille (4-1), Nice (2-0), Lille (2-1), Toulon (1-0), Caen (1-0), Monaco (4-0).

Saint-Étienne

A domicile :
Bat : Brest (2-0), Cannes (1-0), Lyon (1-0), Auxerre (4-1), Metz (4-3), Lille (2-1), Mulhouse (3-0), Montpellier (1-0).
Nul avec : Caen (0-0), Bordeaux (1-1),

Marseille (0-0), Nantes (0-0), Nice (0-0).
Battu par : Paris SG (2-1), Toulouse (3-0), RP1 (1-0), Monaco (2-0), Sochaux (2-0), Toulon (2-1).
A l'extérieur :
Bat : Mulhouse (2-1), Nice (3-1), Sochaux (3-2).
Nul avec : Monaco (0-0), Montpellier (3-3), Brest (0-0), Cannes (0-0), Lyon (0-0), Toulouse (1-1), Lille (2-2).
Battu par : Toulon (2-0), Caen (3-2), Bordeaux (1-0), Marseille (2-0), Nantes (2-0), Paris SG (2-0), Auxerre (2-1), Metz (1-0), RP1 (3-0).

Sochaux

A domicile :
Bat : Brest (1-0), Paris SG (1-0), Cannes (3-0), Toulouse (1-0), Montpellier (3-1), RP1 (2-0), Caen (5-0), Monaco (1-0), Bordeaux (2-0), Lyon (1-0), Lille (1-0), Toulon (1-0).
Nul avec : Auxerre (0-0), Mulhouse (0-0), Nice (1-1), Metz (0-0).
Battu par : Saint-Étienne (3-2), Marseille (2-0), Nantes (3-1).
A l'extérieur :
Bat : Monaco (2-1), Bordeaux (1-0), Marseille (6-1), Metz (2-0), Lille (5-0), Toulon (2-1), Paris SG (1-0), Montpellier (2-0), Brest (1-0).
Nul avec : Cannes (1-1), Auxerre (1-1), Toulouse (0-0), RP1 (1-1), Caen (1-1).
Battu par : Lyon (4-0), Nantes (1-0), Nice (4-2), Mulhouse (2-1), Saint-Étienne (2-0).

Toulon

A domicile :
Bat : Saint-Étienne (2-0), Caen (2-0), Brest (2-0), Monaco (2-0), Sochaux (2-1), Mulhouse (2-1), Auxerre (1-0), Montpellier (3-0), RP1 (1-0).
Nul avec : Nice (1-1), Nantes (0-0), Lyon (1-1), Toulouse (0-0), Metz (1-1), Lille (1-1).
Battu par : Bordeaux (2-0), Marseille (4-0), Cannes (1-0), Paris SG (3-0).
A l'extérieur :
Bat : Mulhouse (4-0), Auxerre (2-0), Montpellier (3-0), Lille (3-0), Brest (2-1), Monaco (2-1), Bordeaux (2-1), Marseille (3-0), Nantes (4-0), Lyon (3-2), Sochaux (1-0).
Nul avec : Cannes (0-0), Toulouse (0-0), Paris SG (1-1), Metz (0-0), Caen (2-2).
Battu par : RP1 (2-0), Nice (2-1), Saint-Étienne (2-1).

Toulouse

A domicile :
Bat : Mulhouse (3-0), Marseille (2-1), Metz (2-0), RP1 (1-0), Lille (3-1), Caen (2-1), Brest (2-1), Cannes (4-0), Paris SG (4-1).
Nul avec : Nantes (1-1), Toulon (0-0), Lyon (0-0), Auxerre (1-1), Montpellier (0-0), Sochaux (0-0), Saint-Étienne (1-1).
Battu par : Monaco (1-0), Bordeaux (1-0), Nice (1-0).
A l'extérieur :
Bat : Saint-Étienne (3-0), Paris SG (1-0), Nantes (1-0), Caen (1-0).
Nul avec : Auxerre (2-2), Nice (1-1), Brest (0-0), Cannes (2-2), Toulon (0-0).
Battu par : Lyon (3-0), Montpellier (1-0), Sochaux (1-0), Marseille (6-1), Metz (3-0), RP1 (1-0), Lille (3-0), Monaco (2-0), Bordeaux (2-1), Mulhouse (1-0).

PAPIN, ROI DES BUTEURS
Sa troisième couronne

Le classement des buteurs

30 buts : Papin (Marseille) ;
18 buts : Kovacs (Auxerre) ;
17 buts : Langers (Nice) ;
16 buts : Bursac (Toulon) ;
15 buts : Diaz (Monaco), Divert (Caen) ;
14 buts : Allofs, Den Boer, Ferreri (Bordeaux), Bouderbala (RP1) ;
13 buts : Mengual (Cannes) ;
12 buts : Blanc (Montpellier), Kabongo (Lyon), Marcico (Toulouse) ;
11 buts : Francescoli (Marseille), Priou (Mulhouse), Scifo (Auxerre) ;
10 buts : Buscher (Brest), Cantona (Montpellier), Tibeuf (Saint-Étienne), Vujovic (Paris SG) ;
9 buts : Cabanas (Brest), Calderon (Paris SG), Fernier (RP1), Oudjani (Sochaux), Pelé, Périlleux (Lille), Vercruysse, Waddle (Marseille), Witschge (Saint-Étienne), Xuereb (Montpellier), Zénier (Metz) ;
8 buts : E. Mendy (Saint-Étienne), G. Passi (Toulouse), Sliskovic (Mulhouse), Stopyra (Cannes) ;
7 buts : Salaun (Brest), Angloma, Fiard (Lille), Brisson (Lyon), Krncevic (Mulhouse), Youm (Nantes), Susic (Paris SG), Thomas (Sochaux) ;
6 buts : Black (Metz), Vercauteren (Nantes), Charbonnier, Simba (Paris SG) ;
5 buts : Ferrer (Auxerre 1, Brest 4), Stein (Caen), Bellone (Cannes), Vandenbergh (Lille), Bouafia, Génésio (Lyon), Sauzée (Marseille), Ferhaoui (Montpellier), Paille (Montpellier 4, Bordeaux 1), Mège, Weah (Monaco), Jacovlejevic, Robert (Nantes), Bravo (Paris SG), Lima (RP1), Lada (Sochaux) ;
4 buts : Cocard, Vahirua, Otokoré (Auxerre), Ekstroem (Cannes), Garde (Lyon), Mozer (Marseille), Bénédet, Hinschberger (Metz), Clément (Monaco), Guérin, Julio Cesar (Montpellier), Burruchaga (Nantes), Ricort, Bocandé (Nice), Fournier (Saint-Étienne), Laurey (Sochaux), Bognar, Collot (Toulon) ;
3 buts : Rio, Bala (Caen), Bray (Cannes), Baré, Garcia (Lyon), Neveu, N'Diaye (Mulhouse), Amisse, Loko, Henry (Nantes), Ben Mabrouck, Avenet (RP1), Hadsibegic, Bazdarevic (Sochaux), Anziani, Revelles (Toulon), Assadourian, Bastère (Toulouse) ;
2 buts : Vignola (Auxerre), Lizarazu, Sénac (Bordeaux), Lebourgeois, Dumas (Caen), Colleter (Brest), Durix, Fernandez, Sassus (Cannes), Sauvaget, Mobati (Lille), Eyraud, Germain (Marseille), Deschamps (Nantes 1, Marseille 1), Brnovic, Micciche, Vucicevic (Metz), Hateley (Monaco), Keller (Mulhouse), Ferri (Nantes), Mazzuchetti, Djelmas, El Haddaoui (Nice), Placido (RP1), Gros (Saint-Étienne), Henry, Morin, Carrasco (Sochaux), Debève, Reichert (Toulouse).

Championnat de France de deuxième division

Groupe A

	Pts	J.	G.	N.	P.	bp.	bc.	Diff.
1. Nancy	50	34	21	8	5	62	24	+38
2. Strasbourg	43	34	16	11	7	70	39	+31
3. Nîmes	43	34	17	9	8	56	34	+22
4. Alès	43	34	15	13	6	46	29	+17
5. Martigues	40	34	13	14	7	38	33	+5
6. Bastia	39	34	14	11	9	46	38	+8
7. Reims	35	34	13	9	12	37	32	+5
8. Avignon	34	34	13	8	13	43	54	-11
9. Istres	31	34	10	11	13	39	44	-5
10. Dijon	31	34	11	9	14	34	45	-11
11. Gueugnon	30	34	10	10	14	49	49	0
12. Orléans	30	34	10	10	14	44	49	-5
13. Louhans-Cuiseaux	30	34	8	14	12	38	44	-6
14. Annecy	30	34	9	12	13	31	43	-12
15. Chaumont	29	34	10	9	15	36	52	-16
16. Grenoble	28	34	8	12	14	35	46	-11
17. Red Star	28	34	9	10	15	27	47	-20
18. Montceau	18	34	5	8	21	33	62	-29

Relégués en troisième division : Grenoble, Montceau

Groupe B

	Pts	J.	G.	N.	P.	bp.	bc.	Diff.
1. Rennes	44	34	18	8	8	39	27	+12
2. Valenciennes	44	34	18	8	8	45	34	+11
3. Rouen	41	34	16	9	9	46	29	+17
4. Laval	41	34	15	11	8	49	35	+14
5. Le Havre	40	34	16	8	10	46	28	+18
6. Beauvais	38	34	12	14	8	33	29	+4
7. Niort	35	34	8	19	7	30	29	+1
8. Lens	34	34	13	8	13	42	37	+5
9. Créteil	33	34	10	13	11	33	31	+2
10. Angers	33	34	10	13	11	45	44	+1
11. Dunkerque	33	34	9	15	10	28	36	-8
12. Saint-Seurin	31	34	12	7	15	44	43	+1
13. Guingamp	31	34	9	13	12	32	38	-6
14. Tours	30	34	11	8	15	46	46	0
15. La Roche-sur-Yon	28	34	7	14	13	28	38	-10
16. Lorient	27	34	9	9	16	32	52	-20
17. Abbeville	27	34	9	9	16	27	47	-20
18. Quimper	22	34	4	14	16	21	43	-22

Relégués en troisième division : Lorient, Abbeville, Quimper.

Match pour le titre : Nancy bat Rennes 1-0 et 1-0.

Championnat de France de troisième division

Groupe Nord
1. Saint-Quentin, 40 pts ; 2. Calais, 39 pts ; 3. Villecresnes, 36 pts ; 4. Le Havre, 36 pts ; 5. Le Touquet, 32 pts ; 6. Paris SG, 31 pts ; 7. Maubeuge, 31 pts ; 8. Lens, 30 pts ; 9. Saint-Leu, 30 pts ; 10. Fécamp, 28 pts ; 11. Valenciennes, 28 pts ; 12. Lille, 25 pts ; 13. Arques, 25 pts ; 14. Saint-Omer, 24 pts ; 15. Caen, 23 pts ; 16. Versailles, 22 pts.

Groupe Est
1. Épinal, 44 pts ; 2. Mulhouse, 40 pts ; 3. Sochaux, 38 pts ; 4. FC Metz, 35 pts ; 5. Sedan, 34 pts ; 6. Vauban Strasbourg, 34 pts ; 7. Charleville, 32 pts ; 8. Reims, 30 pts ; 9. Sarreguemines, 30 pts ; 10. RP1 29 pts ; 11. Baume-Isle, 29 pts ; 12. Paris FC, 28 pts ; 13. Saint-Dié, 27 pts ; 14. RC Strasbourg, 23 pts ; 15. PTT Metz, 15 pts ; 16. Saint-Dizier, 12 pts.

Groupe Ouest
1. Le Mans, 42 pts ; 2. Cherbourg, 35 pts ; 3. Brest, 33 pts ; 4. US Montagnarde, 32 pts ; 5. Guingamp, 31 pts ; 6. Angers, 31 pts ; 7. Saint-Lô, 30 pts ; 8. Rennes, 30 pts ; 9. UCK Vannes, 29 pts ; 10. Nantes, 28 pts ; 11. Véloce Vannes, 28 pts ; 12. Concarneau, 27 pts ; 13. La Rochelle, 27 pts ; 14. Ancenis, 27 pts ; 15. Saint-Malo, 26 pts ; 16. Laval, 24 pts.

Groupe Centre
1. Auxerre, 50 pts ; 2. Bourges, 38 pts ; 3. Saint-Étienne, 36 pts ; 4. Lyon, 34 pts ; 5. Saint-Priest, 34 pts ; 6. Nevers, 34 pts ; 7. Clermont, 32 pts ; 8. Montluçon, 30 pts ; 9. Gueugnon, 30 pts ; 10. Melun, 28 pts ; 11. Evry, 25 pts ; 12. FC Grenoble, 24 pts ; 13. Châteaudun, 23 pts ; 14. Cluses, 22 pts ; 15. INF, 21 pts ; 16. Dijon, 19 pts.

Groupe Centre-Ouest
1. Rodez, 42 pts ; 2. Toulouse FC, 37 pts ; 3. Bordeaux, 37 pts ; 4. Sète, 37 pts ; 5. Châtellerault, 36 pts ; 6. Châteauroux, 35 pts ; 7. Angoulême, 30 pts ; 8. Muret, 30 pts ; 9. Niort, 29 pts ; 10. Castets, 29 pts ; 11. Pau, 27 pts ; 12. Libourne, 26 pts ; 13. Mont-de-Marsan, 25 pts ; 14. Villenave, 24 pts ; 15. Thouars, 24 pts ; 16. Toulouse Fontaines, 12 pts.

Groupe Sud
1. Ajaccio, 40 pts ; 2. Vallauris, 40 pts ; 3. Perpignan, 39 pts ; 4. FC Valence, 37 pts ; 5. Monaco, 35 pts ; 6. Le Puy, 33 pts ; 7. USJOA Valence, 32 pts ; 8. Marseille, 30 pts ; 9. Montpellier, 27 pts ; 10. Bastia, 27 pts ; 11. Nice, 26 pts ; 12. Canet, 26 pts ; 13. Saint-Raphaël, 26 pts ; 14. Toulon, 24 pts ; 15. Cagnes, 21 pts ; 16. Grenoble Norcap, 18 pts.

Finale
A Épinal : Auxerre bat Rodez 3-3 (4 tirs au but à 3).

Coupe de France

32es de finale
Avignon bat Monaco 3-2 (après prol.) ; Alès bat Toulouse 1-0 ; Montpellier bat Istres 1-0 ; RP1 bat Angers 3-2 (après prol.) ; Auxerre bat Red Star 1-0 ; Nancy bat Nice 2-1 ; Nîmes bat Lyon 1-0 ; Marseille bat Tours 4-0 ; Strasbourg bat Sochaux 2-0 ; Metz bat Montceau-les-Mines 6-0 ; Lille bat Reims 3-0 ; Valenciennes bat Paris SG 1-0 ; Ajaccio bat Caen 1-0 ; Saint-Étienne bat Angoulême 2-1 ; Cannes bat Perpignan 1-1 (4 tirs au but à 3) ; Nantes bat Cholet 2-0 ; Toulon bat Aix-en-Provence 4-1 ; Brest bat Saintes 4-2 ; Mulhouse bat Amnéville 2-0 ; Bordeaux bat Plabennec 4-0 ; Rennes bat Saint-Seurin 1-0 (après prol.) ; Laval bat La Roche-Sur-Yon 1-0 ; Orléans bat Le Havre 2-1 ; Gueugnon bat Créteil 0-0 (4 tirs au but à 3) ; Martigues bat Bastia 3-1 ; Épinal bat Lens 2-1 ; Saint-Lô bat Niort 2-2 (7 tirs au but à 6) ; Sedan bat Beauvais 2-1 ; Rouen bat Roanne 3-1 ; Chaumont bat Épernay 2-1 ; Louhans-Cuiseaux bat Pavilly 1-0 ; Clermont-Ferrand bat JS Saint-Pierroise 2-1.

16es de finale
Nantes bat Auxerre 2-1 ; Montpellier bat Louhans-Cuiseaux 5-1 ; Saint-Étienne bat Chamont 1-0 ; Lille bat Nancy 2-0 ; Avignon bat Brest 1-0 ; Cannes bat Alès 2-0 ; Valenciennes bat Toulon 0-0 (6 tirs au but à 5) ; Mulhouse bat Strasbourg 1-1 (5 tirs au but à 4) ; Metz bat Rennes 1-1 (4 tirs au but à 2) ; Bordeaux bat Saint-Lô 8-0 ; RP1 bat Sedan 2-0 ; Marseille bat Ajaccio 3-1 ; Gueugnon bat Laval 1-0 ; Nîmes bat Rouen 1-0 (après prol.) ; Martigues bat Clermont-Ferrand 3-0 (après prol.) ; Orléans bat Épinal 1-0.

8es de finale
Bordeaux bat Metz 4-0 ; Montpellier bat Nantes 2-0 ; Cannes bat Lille 0-0 (5 tirs au but à 4) ; Mulhouse bat Martigues 2-0 ; Marseille bat Nîmes 2-0 ; Saint-Étienne bat Valenciennes 4-3 (après prol.) ; RP1 bat Gueugnon 5-0 ; Avignon bat Orléans 2-1.

Quarts de finale
Marseille bat Cannes 3-0 (après prol.) ; RP1 bat Bordeaux 1-1 (5 tirs au but à 4) ; Saint-Étienne bat Mulhouse 2-2 (7 tirs au but à 6) ; Montpellier bat Avignon 1-0.

Demi-finale
Montpellier bat Saint-Étienne 1-0 ; RP1 bat Marseille 3-2.

Finale
Montpellier bat RP1 2-1 (après prol.).
Le 2 juin au Parc des Princes, Montpellier bat RP1 (après prol.).
44 067 spectateurs.
Arbitre : M. Biguet.
Buts :
Blanc (102e) Ferhaoui (107e) pour Montpellier ; Ginola (108e) pour RP1.
Les équipes :
Montpellier : Rust - Baills, Julio César, Blanc, Lucchesi - Ferhaoui, Lemoult, Ayache, Guérin - Cantona, Xuereb.
RP1 : Olmeta - Dangbeto, Thétis, Milojevic, Bade - Blondeau, Ben Mabrouk, Ginola, Bouderbala - Aïd puis Sobrinho (57e), Avenet.

Coupe d'Europe des vainqueurs de Coupe

16es de finale
Valladolid-Hamrun Spartans 5-0 et 1-0 ; Dinamo Bucarest-Dinamo Tirana 0-1 et 2-0 ; Grasshoppers Zurich-Slovan Bratislava 0-3 et 4-0 (après prol.) ; AS Monaco-Belenenses 1-1 et 3-0 ; Sampdoria Gênes-Brann Bergen 2-0 et 1-0 ; Admira Wacker-AEL Limassol 3-0 et 0-1 ; Ferencvaros-Haka Valkeakoski 5-1 et 1-1 ; Torpedo Moscou-Cork City 5-0 et 1-0 ; Dynamo Berlin-Valur Reykjavik 2-1 et 2-1 ; Djurgaarden IF-Union Luxembourg 0-0 et 5-0 ; FC Groningue-Ikast 1-0 et 2-1 ; Panathinaikos-Swansea 3-2 et 3-3 ; RCS Anderlecht-Ballymena 6-0 et 4-0 ; Partizan Belgrade– Celtic Glasgow 2-1 et 4-5 ; Borussia Dortmund (RFA)-Besikstas Istanbul 1-0 et 2-1 ; FC Barcelone-Legia Varsovie 1-1 et 0-1.

8es de finale
Sampdoria Gênes-Borussia Dortmund 1-1 et 2-0 ; Dinamo Bucarest-Panathinaikos 2-0 et 6-1 ; Real Valladolid-Djurgaarden IF 2-0 et 2-2 ; Partizan Belgrade-FC Groningue 3-4 et 3-1 ; Admira Wacker-Ferencvaros 1-0 et 1-0 ; RSC Anderlecht-FC Barcelone 2-0 et 1-2 (après prol.) ; AS Monaco-Dynamo Berlin 0-0 et 1-1 (après prol.) ; Grasshoppers Zurich- Torpedo Moscou 1-1 et 3-0.

Quarts de finale
AS Monaco-Real Valladolid 0-0 et 0-0 (3 tirs au but à 1) ; Dinamo Bucarest-Partizan Belgrade 2-1 et 2-0 ; RSC Anderlecht-Admira Wacker 2-0 et 1-1 ; Sampdoria Gênes-Grasshoppers Zurich 2-0 et 2-1.

Demi-finales
Anderlecht-Dinamo Bucarest 1-0 et 1-0 ; Sampdoria Gênes-AS Monaco (Fra) 2-2 et 2-0.

Finale
Le 9 mai, à Göteborg, Sampdoria Gênes bat Anderlecht 2-0.
20 103 spectateurs.
Arbitre : M. Galler (Suisse).
Buts : Vialli (105e, 107e) pour la Sampdoria.
Les équipes :
Sampdoria Gênes : Pagliuca - Mannini, Vierchowod, Pellegrini (cap.), Carboni - Invernizzi puis Lombardo (56e), Pari, Katanec puis Salsano (93e), Dossena - Mancini, Vialli.
Anderlecht : De Wilde - Grun (cap.), Keshi, Marchoul, Kooiman, Vervoort - Gudjohnsen, Musonda, Jankovic puis Oliveira (116e), Degryse puis Nilis (104e) - Van der Linden.

Coupe d'Europe des clubs champions

16es de finale
17 Nentori Tirana-Sliema Wanderers 0-1 et 5-0 ; Sparta Prague-Fenerbahce 3-1 et 2-1 ; Honved Budapest-Vojvodina Novi Sad 1-0 et 1-2 ; Steaua Bucarest-Fram Reykjavik 4-0 et 1-0 ; Sredets Sofia-Ruch Chorzow 1-1 et 5-1 ;

Dniepr Dniepropetrovsk-Linfield 2-1 et 1-0 ; Olympique de Marseille-Brondby IF 3-0 et 1-1 ; Milan AC-HJK Helsinki 4-0 et 1-0 ; FC Malines-Rosenborg 0-0 et 5-0 ; PSV Eindhoven- Lucerne 3-0 et 2-0 ; Bayern Munich-Glasgow Rangers 3-1 et 0-0 ; FC Tirol-Omonia Nicosie 6-0 et 3-2 ; Malmoe FF-Inter Milan 1-0 et 1-1 ; AEK Athènes-Dynamo Dresde 0-1 et 5-3 ; Real Madrid-Spora Luxembourg 3-0 et 6-0 ; Benfica Lisbonne (Por)-Derry City (Eir) 2-1 et 4-0.

8es de finale
Bayern Munich-17 Nentori Tirana 3-1 et 3-0 ; Benfica Lisbonne-Honved Budapest 2-0 et 7-0 ; Sredets Sofia-Sparta Prague 2-2 et 3-0 ; Dniepr Dniepropetrovsk-FC Tirol 2-0 et 2-2 ; PSV Eindhoven-Steaua Bucarest 0-1 et 5-1 ; FC Malines-Malmoe FF 0-0 et 4-1 ; Olympique de Marseille-AEK Athènes 2-0 et 1-1 ; Milan AC-Real Madrid 2-0 et 0-1.

Quarts de finale
Benfica Lisbonne-Dniepr Dniepropetrovsk 1-0 et 3-0 ; Bayern Munich-PSV Eindhoven 2-1 et 1-0 ; Olympique de Marseille-Sredets Sofia 1-0 et 3-1 ; Milan AC-FC Malines 0-0 et 2-0 (après prol.).

Demi-finales
Bayern Munich-Milan AC 0-1 et 2-1 (après prol.) ; Benfica Lisbonne-Olympique de Marseille 1-2 et 1-0.

Finale
A Vienne : Milan AC bat Benfica Lisbonne 1-0.
Le 23 mai, à Vienne, Milan AC bat Benfica Lisbonne 1-0.
63 000 spectateurs.
Arbitre : M. Kohl (Autriche).
But : Rijkaard (68e) pour Milan.
Les équipes :
Milan AC : G. Galli-Tassotti, Costacurta, Baresi (cap.), Maldini-Colombo puis F. Galli (89e), Ancelotti puis Massaro (74e), Rijkaard, Evani - Van Basten, Gullit.
Benfica : Silvino-Jose Carlos, Ricardo, Aldair, Samuel-Paneira puis Vata (78e), Thern, Hernani, Valdo, Pacheco puis Cesar Brito (58e)-Magnusson.

RUUD GULLIT EN FINALE
La Coupe d'Europe fidèle à Milan

Coupe de l'UEFA

32es de finale
Sochaux-Jeunesse Esch 7-0 et 5-0 ; Hibernian-Videoton 1-0 et 3-0 ; Vienna-La Valette 4-1 et 3-0 ; Real Saragosse-Apollon Limassol 3-0 et 1-1 ; Royal Antwerp-Vitosha Sofia 0-0 et 4-3 ; Naples-Sporting 0-0 et 0-0 (4 tirs au but à 3) ; FC Porto-Flacara Moreni 2-0 et 2-1 ; FC Valence-Victoria Bucarest 3-1 et 1-1 ; Auxerre-Apolonia Fier 5-0 et 3-0 ; FC Cologne-Plastika Nitra 4-1 et 1-0 ; Dynamo Kiev-MTK Budapest 4-0 et 2-1 ; Fiorentina–Atletico Madrid 0-1 et 1-0 (3 tirs au but à 1) ; Rovaniemi Palloseura-Katowice 1-1 et 1-0 ; Étoile Rouge Belgrade-Galatasaray Istanbul 1-1 et 2-0 ; FC Karl-Marx-Stadt-Boavista Porto 1-0 et 2-2 (après prol.) ; Banik Ostrava-Hansa Rostock 3-2 et 4-0 ; Jalgiris Vilnius-IFK Goeteborg 2-0 et 0-0 ; Zenith Leningrad-Naestved 3-1 et 0-0 ; Spartak Moscou-Atalanta Bergame 0-0 et 2-0 ; Rapid Vienne - Aberdeen 1-2 et 1-0 ; Dundalk FC-FC Wettingen 3-0 et 2-0 ; Dundee United-Glentoran 3-1 et 2-0 ; VfB Stuttgart - Feyenoord Rotterdam 2-0 et 1-2 ; FC Bruges-Twente Enschede 0-0 et 4-1 ; Hambourg SV-Oergryte 2-1 et 5-1 ; FC Liège-IA Akranes 2-0 et 4-1 ; Paris SG - Kuusuysi Lahti 0-0 et 3-2 ; Werder Brême-Lillestroem 3-1 et 2-0 ; FC Sion-Heraklis Salonique 0-1 et 2-0 ; Juventus Turin-Gornik Zabrze 1-0 et 4-2 ; Olympiakos-RAD Belgrade 1-2 et 2-0 ; Austria Vienne-Ajax Amsterdam 1-0 et match arrêté.

16es de finale
AJ Auxerre-Rovaniemi Palloseura (Fin) 5-0 et 3-0 ; Hambourg SV-Real Saragosse 0-1 et 2-0 (après prol.) ; Royal Antwerp-Dundee United 4-0 et 2-3 ; Werder Brême-Austria Vienne 5-0 et 0-2 ; FC Liège-Hibernian FC 0-0 et 1-0 ; Naples-FC Wettingen 0-0 et 2-1 ; Fiorentina-FC Sochaux 0-0 et 1-1 ; Dynamo Kiev- Banik Ostrava 3-0 et 1-1 ; Rapid Vienne-FC Bruges 2-1 et 4-3 ; Juventus Turin-Paris SG 1-0 et 2-1 ; FC Valence-FC Porto 1-3 et 3-2 ; Étoile Rouge Belgrade-Zhalgiris Vilnius 4-1 et 1-0 ; FC Cologne-Spartak Moscou 3-1 et 0-0 ; VfB Stuttgart-Zenith Leningrad 1-0 et 5-0 ; FC Karl-Marx-Stadt-FC Sion 1-2 et 4-1 ; Olympiakos Le Pirée (Grè)-First Vienna (Aut) 2-2 et 1-1.

8es de finale
Fiorentina-Dynamo Kiev 1-0 et 0-0 ; FC Cologne-Étoile Rouge Belgrade 0-2 et 3-0 ; Juventus Turin-FC Karl-Marx-Stadt 2-1 et 1-0 ; FC Liège-Rapid Vienne 0-1 et 3-1 ; AJ Auxerre-Olympiakos Le Pirée 1-1 et 0-0 ; Werder Brême-Naples 3-2 et 5-1 ; Hambourg SV-FC Porto 1-0 et 1-2 ; Royal Antwerp-VfB Stuttgart 1-0 et 1-1.

Quarts de finale
FC Cologne-Royal Antwerp 2-0 et 0-0 ; Fiorentina-AJ Auxerre 1-0 et 1-0 ; Werder Brême-FC Liège 4-1 et 0-2 ; Juventus Turin-Hambourg SV 2-0 et 1-2.

Demi-finales
Fiorentina-Werder Brême 1-1 et 0-0 ; Juventus Turin-FC Cologne 3-2 et 0-0.

Finale
Juventus Turin bat Fiorentina 3-1 et 0-0.
Aller : le 2 mai, à Turin, Juventus Turin bat Fiorentina 3-1.
49 000 spectateurs.
Arbitre : M. Emilio Soriano Aladren (Espagne).
Buts :
Galia (2e), Casiraghi (59e), De Agostini (74e) pour la Juventus ; Buso (10e) pour la Fiorentina.
Les équipes :
Juventus : Tacconi (cap.) - Napoli, Galia, Bonetti, De Agostini - Brio puis Alessio (46e), Aleinikov, Rui Barros, Marocchi - Casiraghi, Schillaci.
Fiorentina : Landucci - Dell'Oglio, Dunga, Battistini (cap.), Volpecina - Pin, Nappi, Kubik puis Malusci (88e), Baggio - Buso, Di Chiara.
Retour : le 16 mai, à Avellino, Fiorentina et Juventus Turin 0-0.
40 000 spectateurs.
Arbitre : M. Schmidhuber (RFA)
Les équipes :
Fiorentina : Landucci - Volpecina, Pin, Battistini (cap.), Dell'Oglio - Nappi puis Zironelli (72e), Dunga, Baggio, Kubik - Buso, Di Chiara.
Juventus : Tacconi (cap.) - Napoli, Bruno, Aleinikov, De Agostini - Alessio, Marocchi, Rui Barros puis Avallone (72e), Galia - Casiraghi puis Rosa (79e), Schillaci.

La saison de l'équipe de France

Le 16 août 1989, à Malmö
France bat Suède 4-2

16 619 spectateurs.
Arbitre : M. Shainer (Israël).
Buts :
Cantona (57e, 86e), Papin (61e, 83e) pour la France.
Thern (5e), Lindqvist (63e) pour la Suède.
Les équipes :
Suède : Ravelli - R. Nilsson, Hysen (cap.), P. Larsson, Ljung - Limpar puis N. Larsson (68e), Stroemberg, Thern, J. Nilsson - Hellstroem, Magnusson puis Lindqvist (52e).
France : Bats - Amoros (cap.), Le Roux, Sauzée, Di Meco - Ferreri puis Blanc (70e), Deschamps, Pardo, Perez - Papin, Cantona.

Le 5 septembre 1989, à Oslo
Norvège et France 1-1

8 564 spectateurs.
Arbitre : M. Kolev (Bulgarie).
Buts :
Bratseth (84e) pour la Norvège.
France : Papin (40 sur penalty) pour la France.
Les équipes :
Norvège : Thorstvedt, Halle, Kojedal, Bratseth (cap.), Bjoernebye - Loeken, Brandhaug puis Berg (75e), Ahlsen, Jakobsen - Andersen, Fjoertoft puis Agdestein (75e).
France : Bats - Amoros (cap.), Le Roux puis Silvestre (55e), Sauzée, Di Meco - Ferreri puis Blanc (75e), Deschamps, Pardo, Perez - Papin, Cantona.

Le 11 octobre 1989, à Paris
(Parc des Princes)
France bat Écosse 3-0

27 000 spectateurs.
Arbitre : M. Roethlisberger (Suisse).
Buts :
Deschamps (26e), Cantona (63e), Durand (88e) pour la France.
Les équipes :
France : Bats (cap.) - Silvestre, Le Roux puis Casoni (46e), Sauzée, Di Meco - Durand, Pardo, Deschamps, Ferreri - Cantona, Perez puis Bravo (80e).
Écosse : Leighton - Nicol, Gough, McLeish, Malpas - Strachan puis McInally (63e), Aitken (cap.), McStay, McLeod puis Bett (74e) - McCoist, Johnston.

Le 18 novembre 1989, à Paris
(Parc des Princes)
France bat Chypre 2-0

32 755 spectateurs.
Arbitre : M. Butenko (URSS).
Buts :
Deschamps (25e), Blanc (75e) pour la France.
Les équipes :
France : Bats - Silvestre, Casoni, Sauzée, Amoros (cap.) - Ferreri, Pardo, Deschamps, Perez puis Blanc (17e) - Papin, Cantona.
Chypre : Charitou - Kastanas, Christodoulou, Sokratous, Pittas - Savva, Christofi, Constantinou, Nikolaou (cap.) - Koliandris, Ioannou.

Le 18 janvier 1990, à Koweit
France bat Al Qadisiya 3-0

10 000 spectateurs.
Arbitre : M. Issa Jassass (Koweit).
Buts :
Garde (38e), Cantona (67e sur penalty), Vahirua (82e) pour la France.
Les équipes :
Al Qadisiya : Al Chalan - Maatouk, Binayane, A. Ibrahim, A. Al Chamri - Al Fleij, O. Al Chamri puis Namlane (77e), Bdaiyeh (cap.) puis Ziab (55e) - Al Saleh puis Nasir (75e), M. Ibrahim puis Al Jiham (65e), Al Haddad puis Saleh (15e).
France : Martini - Dib, Boli, Casoni puis Sauzée (46e), Amoros (cap.) puis Di Meco (46e) - Blanc, Garde, Pardo puis Silvestre (46e), Ferreri puis Deschamps (46e) - Cantona, Vahirua.

Le 21 janvier 1990, à Koweit
France bat Koweit 1-0

5 000 spectateurs.
Arbitre : M. Al Kandi (Koweit).
Buts :
Blanc (74e) pour la France.
Les équipes :
Koweit : Said - Hussein, Abdennabi, Matar, Mrifa' - Briki, Al Flij, Suleiman, Nasser puis M. Ibrahim (81e) - Bati, Said (cap.) puis Al Salah (81e).
France : Rousset- Silvestre, Boli, Sauzée, Amoros (cap.) - Blanc, Dib, Garde, Pardo puis Deschamps (46e) - Cantona puis Papin (46e) puis Di Meco (77e), Vahirua puis Ferreri (46e).

Le 24 janvier 1990, à Koweit
France bat RDA 3-0

1 500 spectateurs.
Arbitre : M. Al Moussa (Koweit).
Buts :
Cantona (1re, 23e), Deschamps (73e) pour la France.
Les équipes :
France : Martini - Amoros (cap.) puis Boli (81e), Casoni, Sauzée puis Silvestre (78e), Di Meco - Blanc puis Dib (83e), Pardo, Deschamps, Ferreri puis Garde (59e) - Cantona, Vahirua.
RDA : Heyne (cap.) - Herzog, Wagenhaus, Reich - Maucksch, Stubner puis Weidemann (72e), Sammer puis Weilandt (82e), Steinmann, Wosz puis Wuckel (46e) - Kirsten, Doll.

Le 26 février 1990, à Montpellier
France bat RFA 2-1

22 000 spectateurs.
Arbitre : M. Ramos Marcos (Espagne).
Buts :
Papin (43e), Cantona (82e) pour la France.
Moeller (36e) pour la RFA.
Les équipes :
France : Martini - Amoros, Casoni, Boli puis Blanc (49e), Di Meco - Pardo, Garde, Deschamps, Ferreri puis Vahirua (64e) - Papin, Cantona.
RFA : Illgner - Berthold, Reinhardt, Augenthaler, Brehme - Moeller, Haessler, Matthaus, Bein - Riedle puis Littbarski (65e), Klinsmann.

Le 28 mars 1990, à Budapest
France bat Hongrie 3-1

11 000 spectateurs.
Arbitre : M. Diakonowicz (Pologne).
Buts :
Cantona (28e, 67e), Sauzée (71e) pour la France.
Pinter (39e sur penalty) pour la Hongrie.
Les équipes :
Hongrie : Brockhauser - Monos, Limperger, Pinter, Palaczky - Mariasi, Meszoly, Detari (cap.) puis Balog (69e), Bognar puis Duro (62e) - Kovacs puis Jovan (62e), Petres puis Fischer (52e).
France : Martini - Silvestre, Casoni, Sauzée puis Blanc (79e), Amoros (cap.) puis Durand (46e) - Pardo, Fernandez puis Boli (69e), Perez - Ferreri, Cantona, Tibeuf puis Divert (63e).

La Coupe du Monde 1990

PREMIER TOUR

Groupe A

Italie - Autriche	1 - 0
Tchécoslovaquie - États-Unis	5 - 1
Italie - États-Unis	1 - 0
Tchécoslovaquie - Autriche	1 - 0
Italie - Tchécoslovaquie	2 - 0
Autriche - États-Unis	2 - 1

Classement :

1. Italie	6 pts
2. Tchécoslovaquie	4 pts
3. Autriche	2 pts
4. États-Unis	0 pt

Groupe B

Argentine - Cameroun	0 - 1
Roumanie - URSS	2 - 0
Argentine - URSS	2 - 0
Cameroun - Roumanie	2 - 1
Argentine - Roumanie	1 - 1
URSS - Cameroun	4 - 0

Classement :

1. Cameroun	4 pts
2. Roumanie	3 pts
3. Argentine	3 pts
4. URSS	2 pts

Groupe C

Brésil - Suède	2 - 1
Costa Rica - Écosse	1 - 0
Brésil - Costa Rica	1 - 0
Écosse - Suède	2 - 1
Brésil - Écosse	1 - 0
Costa Rica - Suède	2 - 1

Classement :

1. Brésil	6 pts
2. Costa Rica	4 pts
3. Écosse	2 pts
4. Suède	0 pts

Groupe D

Colombie - Émirats Arabes Unis	2 - 0
RFA - Yougoslavie	4 - 1
Yougoslavie - Colombie	1 - 0
RFA - Émirats Arabes Unis	5 - 1
RFA - Colombie	1 - 1
Yougoslavie - Émirats Arabes Unis	4 - 1

Classement :

1. RFA	5 pts
2. Yougoslavie	4 pts
3. Colombie	3 pts
4. Émirats Arabes Unis	0 pts

Groupe E

Belgique - Corée du Sud	2 - 0
Uruguay - Espagne	0 - 0
Belgique - Uruguay	3 - 1
Espagne - Corée du Sud	3 - 1
Espagne - Belgique	2 - 1
Uruguay - Corée du Sud	1 - 0

Classement :

1. Espagne	5 pts
2. Belgique	4 pts
3. Uruguay	3 pts
4. Corée du Sud	0 pts

Groupe F

Angleterre - Eire	1 - 1
Pays-Bas - Égypte	1 - 1
Angleterre - Pays-Bas	0 - 0
Eire - Égypte	0 - 0
Angleterre - Égypte	1 - 0
Pays-Bas - Eire	1 - 1

Classement :

1. Angleterre	4 pts
2. Eire	3 pts
3. Pays-Bas	3 pts
4. Égypte	2 pts

HUITIÈMES DE FINALE

Cameroun - Colombie	2 - 1 ap. pr.
Tchécoslovaquie - Costa Rica	4 - 1
Argentine - Brésil	1 - 0
RFA - Pays-Bas	2 - 1
Eire - Roumanie	0 - 0 ap. pr.
	(Eire vainqueur, 5 tirs au but à 4)
Italie - Uruguay	1 - 0
Yougoslavie - Espagne	2 - 1 ap. pr.
Angleterre - Belgique	1 - 0 ap. pr.

QUARTS DE FINALE

Argentine - Yougoslavie	0 - 0 ap. pr.
	(Argentine vainqueur 3 tirs au but à 2)
Italie - Eire	1 - 0
RFA - Tchécoslovaquie	1 - 0
Angleterre - Cameroun	3 - 2 ap. pr.

DEMI-FINALES

Italie - Argentine	1 - 1 ap. pr.
	(Argentine vainqueur 4 tirs au but à 3)
RFA - Angleterre	1 - 1 ap. pr.
	(RFA vainqueur 4 tirs au but à 3)

FINALE

Le 8 juillet, à Rome :
RFA bat Argentine 1 - 0

76 603 spectateurs
Arbitre : M. Codesal (Mexique)
But : Brehme (85e sur pen.) pour la RFA
Les équipes :
– RFA : Illgner - Berthold, puis Reuter (73e), Kohler, Augenthaler, Brehme - Buchwald, Haessler, Matthaeus (cap.), Littbarski - Klinsmann, Voeller.
– Argentine : Goycoechea - Sensini, Serrizuela, Simon, Ruggeri puis Monzon (46e), Lorenzo - Basualdo, Troglio, Maradona (cap.), Burruchaga puis Calderon (53e) - Dezotti.

SCHILLACI, BARESI, BURRUCHAGA
Une demi-finale explosive

ORIGINE DES DOCUMENTS PHOTOGRAPHIQUES

NOIR ET BLANC

AFP : 112, 120. **Flash-Press** : 105. **Flash-Press / J. de Almeida** : 20, 25, 52, 53, 69b, 84-85, 89, 93, 96, 101, 104, 132-133. **Flash-Press / É. Bataille** : 33. **Flash-Press / G. Jeffroy** : 36, 37, 48, 73, 81. **Gamma** : 113, 144. G. **Jeffroy** : 32, 64-65, 69 h. **Onze-Mondial / S. Philippot** : 140-141, 147. **Presse-Sports** : 8, 8-9, 13, 17, 24, 28, 29, 40-41, 44-45, 45 , 49, 56, 60-61, 61, 62, 63, 73 (2-3-4), 84, 88, 108, 116, 117, 125 h, 145, 153. **TempSport / M. Francotte** : 125 b.

COULEURS

AFP : 59, 106, 106-107, 110-111, 126, 135, 138-139, 139 h, 146-147, 155. **Flash-Press / J. de Almeida** : 31, 54, 102-103. **Flash-Press / G. Jeffroy** : 50-51, 51. **Gamma-Sport / P. Crochet** : 118-119. **Gamma-Sport / E. Sampers** : 126-127. **G. Jeffroy** : 10-11, 14-15, 43, 94, 98, 98-99. **M. Leech** : 95. **Onze-Mondial / S. Philippot** : 83 g et bd, 114-115, 122-123. **Presse-Sports** : 18-19, 22, 22-23, 26-27, 34, 35, 38, 39, 42, 43 h,46-47, 54-55, 66-67, 70-71, 74-75, 83 hd, 86-87, 90, 90-91, 95, 134-135, 139 b, 142, 150. **Le Provençal / J.-L. Solary** : 76-77, 78-79. **TempSport** : 6, 142-143.

Couverture : **AFP** (1), **Gamma-Sport** (1), **Presse-Sports** (2), **TempSport** (1).

Maquette : Paul-Raymond Cohen
Photocomposition-Photogravure : Nord Compo
Achevé d'imprimer en août 1990
par Aubin, imprimeur à Poitiers
Dépôt légal : septembre 1990
N° Imprimeur : P 35851